デザイン思考入門

イノベーションのためのトレーニングブック

渡邊敏之　柏樹良　中野希大　著

丸善出版

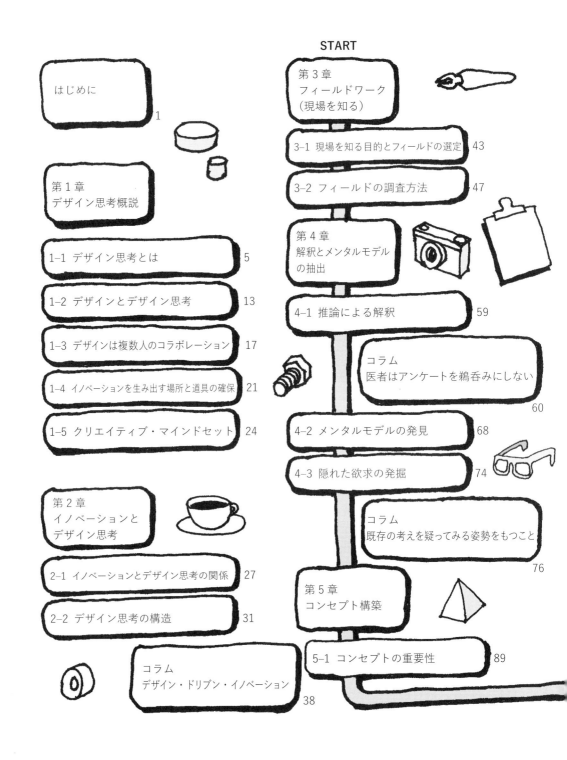

目次

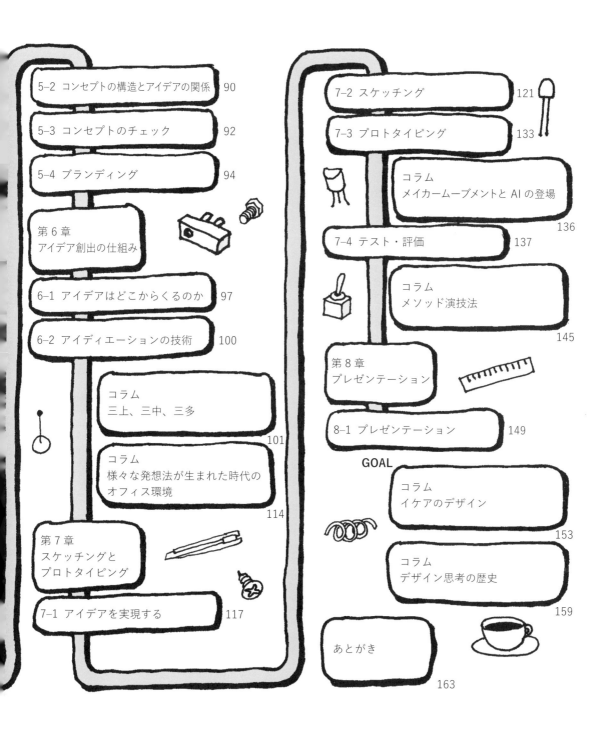

5-2 コンセプトの構造とアイデアの関係　90
5-3 コンセプトのチェック　92
5-4 ブランディング　94

第6章
アイデア創出の仕組み

6-1 アイデアはどこからくるのか　97
6-2 アイディエーションの技術　100

コラム
三上、三中、三多　101

コラム
様々な発想法が生まれた時代のオフィス環境　114

第7章
スケッチングとプロトタイピング

7-1 アイデアを実現する　117

7-2 スケッチング　121
7-3 プロトタイピング　133

コラム
メイカームーブメントとAIの登場　136

7-4 テスト・評価　137

コラム
メソッド演技法　145

第8章
プレゼンテーション

8-1 プレゼンテーション　149

GOAL

コラム
イケアのデザイン　153

コラム
デザイン思考の歴史　159

あとがき　163

目次

はじめに

0–1	本書のゴール「イノベーションの種を見つける実力がつく」	1
0–2	3人の著者	3
0–3	頭の中だけの思考ではない、実践する思考	3

第1章　デザイン思考概説

1–1	デザイン思考とは	5
1–1–1	本書で伝えたい「デザイン思考」という言葉の意味	5
1–1–2	本書の目的	12
1–2	デザインとデザイン思考	13
1–2–1	デザインは色と形？	13
1–2–2	デザイン、デザインワーク、デザイナーという言葉に対する誤解	15
1–2–3	デザイン思考の大まかなフロー	16
1–3	デザインは複数人のコラボレーション	17
1–3–1	グループではなくチーム	17
1–3–2	心理的安全性が保たれた関係	19
1–4	イノベーションを生み出す場所と道具の確保	21
1–4–1	デザイン思考に使うテーブルの条件	21
1–4–2	電源とネットワーク	23

目次

1–4–3	準備する道具、材料	23
1–5	クリエイティブ・マインドセット	24

第2章　イノベーションとデザイン思考

2–1	イノベーションとデザイン思考の関係	27
2–1–1	イノベーションと経済成長	27
2–1–2	デザイン思考でイノベーションは起こせるのか	29
2–1–3	イノベーションの例	30
2–2	デザイン思考の構造	31
2–2–1	一般的なデザイン思考の考え方	31
2–2–2	本書で扱うデザイン思考の構造	36
コラム	デザイン・ドリブン・イノベーション	38

第3章　フィールドワーク（現場を知る）

3–1	現場を知る目的とフィールドの選定	43
3–1–1	現場を知る目的	43
3–1–2	フィールド選定の重要性	46
3–2	フィールドの調査方法	47
3–2–1	民俗誌調査　―量的調査と質的調査―	47
3–2–2	濃い記述	51
3–2–3	ラポールの必要性	53
3–2–4	5モデル分析　―同じ事象を5つの視点から見直す―	55
3–2–5	フィールドワークのチェック	57

第4章　解釈とメンタルモデルの抽出

4–1	推論による解釈	59
4–1–1	解釈	59
コラム	医者はアンケートを鵜呑みにしない	60
4–1–2	感情移入によって共感すること	61
4–1–3	アブダクション	64

4–2	メンタルモデルの発見	68
4–2–1	メンタルモデル	68
4–2–2	既知のメンタルモデルと新規のメンタルモデル	72
4–3	隠れた欲求の発掘	74
4–3–1	顕在的欲求と潜在的欲求	74
4–3–2	心の動きを観察する	75
コラム	既存の考えを疑ってみる姿勢をもつこと	76
4–3–3	メンタルモデルの発見や潜在的欲求を発掘するためのメソッド	77
4–3–4	ペルソナ	84

第5章　コンセプト構築

5–1	コンセプトの重要性	89
5–2	コンセプトの構造とアイデアの関係	90
5–3	コンセプトのチェック	92
5–4	ブランディング	94
5–4–1	ブランディングとコンセプト	94
5–4–2	ブランディングとデザイン思考	94

第6章　アイデア創出の仕組み

6–1	アイデアはどこからくるのか	97
6–1–1	自由になる	97
6–1–2	アイデアを伝えるためのスケッチ	98
6–2	アイディエーションの技術	100
コラム	三上、三中、三多	101
6–2–1	発散技法	101
6–2–2	収束技法	110
6–2–3	アイデアの選び方	113
コラム	様々な発想法が生まれた時代のオフィス環境	114

第 7 章 スケッチングとプロトタイピング

7–1 アイデアを実現する	117
7–1–1 考えながら作り、作りながら考える	117
7–1–2 小さな失敗を繰り返そう	120
7–2 スケッチング	121
7–2–1 確認のための絵	122
7–2–2 スケッチを描くための練習方法	124
7–2–3 スケッチングの種類	126
7–3 プロトタイピング	133
7–3–1 完成前の原型	133
7–3–2 プロトタイプの種類と目的	134
コラム メイカームーブメントと AI の登場	136
7–4 テスト・評価	137
7–4–1 インスペクション評価（定性評価）	139
コラム メソッド演技法	145
7–4–2 ユーザーテスト（定量評価）	147

第 8 章 プレゼンテーション

8–1 プレゼンテーション	149
8–1–1 プレゼンテーションの前に	149
8–1–2 どんなプレゼンテーションを聴きたいか	151
8–1–3 プレゼンテーションの内容	151
コラム イケアのデザイン	153
8–1–4 プレゼンテーションの背景	154
8–1–5 サービスのプレゼンテーション	156
8–1–6 変化し続けるプレゼンテーションのメソッド	156
コラム デザイン思考の歴史	159

あとがき **163**

はじめに

0-1 本書のゴール「イノベーションの種を見つける実力がつく」

　本書の内容を読者が理解し、また実践した結果として、我々が設定しているゴールは、読者に**イノベーションの種を見つける実力がつく**ということである。**イノベーション**という言葉は、使い古されて手垢のたくさんついた言葉であると同時に、あまりにも当たり前にあちらこちらに使われているために、その意味がしっかりと理解されないまま、なんとなく読み流されている言葉でもある。ここで、この言葉の意味をしっかりと確認し直しておきたい。

innovation（イノベーション）[1]
［名］
1. U（…における）革新、刷新
　　例　technological innovation（技術革新）
2. C（…における）新考案、新機軸、新制度、改変（工夫）したもの
　　例　an innovation in manufacturing（製造の新方式）
U：不可算名詞、C：可算名詞

0-1 本書のゴール「イノベーションの種を見つける実力がつく」

　２番目の「新考案」「新機軸」などが、ヨーゼフ・シュンペーターのいうイノベーションという言葉の意味である (p.27、2–1–1 参照)。もう少し噛み砕いた言い方をすると「（既存の技術や新たな技術を使い、モノやサービスを生み出すための）今まで誰も気がつかなかった全く新しい視座」という意味だ。

　しかし日本においては、あるときから最近まで「イノベーション」＝「技術革新」と説明されていた*。これはイノベーションという言葉の一部分のみしか表しておらず、それゆえ日本においては

単に「技術革新」と理解されることで、技術が社会のニーズを十分に汲み上げられないまま、一人歩きして、"ガラパゴス"化する結果ともなりがちになる。技術者が自分自身の技術者魂で技術開発に取り組み、社会的なニーズを軽視する[2]

ということを招いてしまい、結果として日本経済の成長の妨げになっている。このような間違った解釈の歴史も含め知ってほしい。

　つまり**イノベーションの種を見つける**とは、**既存の技術や新たな技術を使い、今まで誰も気がつかなかった全く新しい視座により、今まで誰も気がつかなかった全く新しい魅力的なモノやサービスを生み出すこと**である。そのためのメソッド（手法）が**デザイン思考**なのだ。とはいえイノベーションが起こったかどうかは、何かの製品が発売されてすぐにわかるわけではない。何年か、何十年かときが経ってから「あのタイミング」がイノベーションが起きたときだったということが、結果として示されることもある。

　デザイン思考を身につけることによって、イノベーションを100％の確率で起こせる、というわけではない。しかしイノベーションを起こせる可能性は確実に高まるのだ。

---

* 1958 年、政府発行の経済白書で「技術革新（イノベーション）」という使われ方をされ、前後に技術に関わる説明しかなかったため、といわれている。

はじめに

0-2 3人の著者

　著者3人はデザイン分野の専門家であり、それぞれ医療デザイン研究、プロダクトデザイン、メディアデザインの現場を経て、その実績から現在は3人とも大学で研究し教鞭をとっている。人々の抱える様々な課題に対する解決策を求められるデザインの現場では、課題の本質を見つけ出すことから始まり、様々なプロセスを経て最終的に何らかのモノやサービスを必ず作り上げる必要がある。いわば3人とも「デザイン思考」の実践者なのだ。本書はこの経験を基に、どんな分野を専攻している人でも使えるように執筆したデザイン思考の入門書である。

0-3 頭の中だけの思考ではない、実践する思考

　デザイン思考は実践（プラクティス）を通じて能力向上を目指すメソッドであり、頭の中で考える思考だけのメソッドではない。したがって、本書を読んだだけでは会得できないので、ぜひ実践を重ねてほしい。

　読者の中には「自分はデザインの現場にいるわけではないので、実践をするのは難しい」と思う人もいるかもしれないが、デザイン思考は、デザインの現場だけでなくどんな分野であっても実践できる。

［渡邊敏之］

参考文献

1) 瀬戸賢一、投野由紀夫ほか（編）：プログレッシブ英和中辞典 第 5 版 Web 版、小学館（2012）https://dictionary.goo.ne.jp/ej/

2) 日本経済研究センター HP：「小島明の Global Watch」（2014）https://www.jcer.or.jp/column/kojima/index628.html

第1章
デザイン思考概説

1–1 デザイン思考とは

1–1–1　本書で伝えたい「デザイン思考」という言葉の意味

　「デザイン思考」は、デザイナーがデザインするプロセスで使っている様々なメソッドや考え方を、ビジネスや研究・開発に携わる人々にも役立つようにまとめたメソッドの一種である。

　「デザイン思考」については、すでに多くの書籍が出版されている。特に日本においては、経済産業省と特許庁とがまとめた―「デザイン経営」宣言―[1]が 2018 年に発表され、その後開かれた経済産業省「高度デザイン人材育成研究会」[2]においてデザイン思考の必要性が説明されたことから、デザイン思考という言葉がビジネス界に広まっていった。上に書いたように、デザイン思考は、メソッドであり「考え方」の一種ではあるが、なぜか魔法の呪文のような言葉として認識されていたり、使われたりしていることも多い。

　そして現在（2024 年 7 月執筆時点）では、「デザイン思考は終わった」「デザイン思考は役に立たない」「デザイン思考は儲からない」「デザイン思考より〇〇思考」のような否定的な記事がちらほらと登場するようにさえなっている。

ではなぜ、魔法の呪文としては役に立たず、否定的な記事まで書かれているデザイン思考を学ぶ必要があるのだろうか。

ここで少し社会全体を見渡してみよう。社会に存在する製品には、モノとサービスとがある。あなたは昨日までの買い物で、モノまたはサービス以外の何かにお金を払ったことがあるだろうか？　実はお金を払って手に入れたり利用したりする何らかの製品というのは全て、モノかサービスかのどちらかなのだ。あなたが昨日、近所のコンビニで買ったペットボトルに入ったお茶はモノであり、NetflixやU-NEXTにサブスクリプション費用を払って買っているのは、映画やドラマ、アニメーションを好きなだけ見ることができるサービスである。先月遊びに行ったUSJの入場料はサービスに対する対価であり、そこで友達のために購入したお土産のクッキーはモノである。

これらのモノやサービスに、あなたがお金を払ったのはなぜなのか、考えてみよう。ペットボトル入りのお茶を買ったのは、乾いた喉を潤したいというシンプルな欲求かもしれないし、本当はもっと甘い飲み物の方が好きなのだが、今は健康を維持したいという欲求の方が強いので、お茶にしたのかもしれない。Netflixにサブスクリプション費用を払っているのは、単にたくさんの種類のアニメーションを見たいという欲求を満たすためかもしれないし、週末に推しの俳優が出演しているドラマや映画を何時間も見続けることで、一週間の必修科目のレポートの作成やアルバイト・仕事時間のストレスを、頭の中からきれいに洗い流したいという欲求を満たすためかもしれない。

そう、世の中のモノやサービスは、人々の欲求を何らかの形で満たすために存在する。

第 1 章　デザイン思考概説

　本書の読者には、ビジネスマンもいれば学生もいるだろう。すでに社会の現場でプロフェッショナル（労働時間に対して何らかの対価を受け取り、それで生活していれば立派なプロフェッショナルだ）として活躍する読者は、きっと自らの仕事が、何らかの形で世の中の誰かの欲求を満たすことにつながっていることを知っているだろう。

　学生の場合は、いずれ何らかの形で、ビジネスや開発・研究の現場で、プロフェッショナルとして活躍するようになる。そしてプロフェッショナルとして仕事をする日々の中で、同じように考えるはずだ。

　「人々の欲求を満たすモノやサービス（欲しいもの、必要なもの、買いたいもの、見たいもの、聴きたいもの、したいこと、行きたいところ、…、etc.）は、何なのだろうか？」と。

　「何が欲しいですか？　必要なものは何ですか？　見たいもの、聴きたいものは何ですか？　行きたいところはどこですか？」と誰かに聞けば、人々の欲求を満たすモノやサービスを知ることができるだろうか？

　聞けばわかる時代も多少はあった。その昔、第二次世界大戦が終わった日本において、それは顕著だったといえる。戦争によって生活に必要な最低限のモノさえも足りない時代だ。食べるモノに限らず、生活に最低限必要な何かが圧倒的に足りなければ、その不足しているモノを製品にすれば誰もが購入する。その後（1960〜1980年代頃）も、日本にはないが世界のほかの進んだ国を見れば生活を便利で豊かにするモノが見えるという時代には、誰かに聞くことでヒントを得ることができたといえる。それは戦後のアメリカの裕福な中流階級の生活をコンテンツとした様々なドラマ（ソープオペラ）が日本のテレビで毎日のように放映されたことによって、もたらされた。大型の冷蔵庫や、自家用車、電気掃除機、洗濯機、レコード

7

1-1 デザイン思考とは

プレイヤーなどがある生活への欲求が高まっていったのだ（**図1.1〜1.4**）。誰もが新しい情報をテレビというメディアから得ていた、大量生産、大量消費の市場、いわゆるマスマーケットの時代だった。

しかし現在の日本人の生活は、この時代とは全く異なっている。

図 1.1　黎明期の冷蔵庫（海外メーカー製、1969年）
〔GE appliances, a Haier company："History of appliance innovation" https://geappliancesco.com/innovation-history/ より〕

図 1.2　GM社シボレー・シェビーIIのコマーシャル
ドラマ「奥さまは魔女」（1964〜1972年、アメリカ。日本では1966年から吹替え版が放映された）のサマンサ役エリザベス・モンゴメリーが出演するGM社の自家用車コマーシャル。
〔TV TOY MEMORIES："VINTAGE CHEVY II commercial - Elizabeth Montgomery (Bewitched) introduction"（2011）https://youtu.be/cpsjQZ_IZ-o?si=X2UogjRgDG_o5efS より〕

図1.3 電気掃除機広告（1960年）
〔"Nilfisk støvsuger model G 70"
https://commons.wikimedia.org/wiki/
File:Advert1960.jpg より〕

図1.4 1958年頃のテレビ（アメリカ）
家族でテレビを見ている様子。
〔National Archives and Records
Administration : "TV in the 50s"
https://web.archive.org/
web/20071226081329/teachpol.tcnj.
edu/amer_pol_hist/thumbnail427.html より〕

　1994年頃を境にインターネットが日本の一般家庭に広まり始めた（**図1.5、1.6**）。とはいえ、まだ90年代はコンピューターをインターネットに接続して使う、という少し専門性の必要なハードル

1-1 デザイン思考とは

図1.5 パーソナルコンピューター（1995年発売）
(「VGAモニター（IBM G40）とバックリングスプリング式キーボード（IBM M2）を接続した1995年製のデスクトップパソコン（IBM Aptiva 2144-M51）」https://commons.wikimedia.org/wiki/File:IBM_Aptiva_2144-M51.jpg より)

図1.6 パーソナルコンピューター（2001年発売）
("Apple PowerBook G4 (Titanium) 15" https://commons.wikimedia.org/wiki/File:15-inch-titanium-powerbook.jpg より)

があり、まだテレビというメディアが、製品を購入するユーザーへ情報を届けるメディアとしての影響力を強くもっていた。しかし、00年代に入ると、高校生以上の誰もが一人一台の携帯電話をもつようになった（**図1.7、1.8**）。さらに2008年に日本でもiPhone 3Gが発売されると（ほぼ同時期にAndroidスマートフォンの発売も始まった）（**図1.9、1.10**）、それまでの、通話やショートメッセージを中心として携帯電話を使っていた一般的なユーザーも、次々とiPhoneまたはAndroidのスマートフォンへと買い換えていった。結果として、現在の日本ではほとんどの年齢層のほとんどの人々がスマートフォンを使って、日々自分の欲求を満たすための情報を調べ、モノやサービスを探したり選んだり購入したりしている。「一人暮らしの若い世代の部屋には、テレビがない」という話を聞いてもあまり驚かないようになった。

さてこのように、現代は誰もがインターネットに接続して自分の欲求を満たすためのモノやサービスをいつでもどこでも探せる時代である。すでに顕在化された（言葉で説明できるし、見せることも

第 1 章　デザイン思考概説

図 1.7　世界初のカメラつき携帯電話
　　　（PHS）（1999 年発売）
〔「DDI ポケット VP-210（京セラ）」
https://commons.wikimedia.org/wiki/File:Kyocera_VP-210_
CP%2B_2011.jpg より〕

図 1.8　携帯電話（2000 年発売）
〔「NTT DoCoMo N502it」https://commons.wikimedia.
org/wiki/File:NTT_DoCoMo_mova_N502it_open.JPG よ
り〕

図 1.9　日本に初めて上陸した「iPhone 3G」
　　　（2008 年発売）

図 1.10　Android スマート
　　　　フォン（2010 年
　　　　発売）
〔「NTTdocomo/SonyEricsson
ドコモ スマートフォンシリーズ
Xperia（SO-01B）」
https://commons.wikimedia.
org/wiki/File:Nttdocomo-
sonyericsson_so-01b_front.
JPG より〕

11

できる）欲求に合ったモノやサービスは、会社の倉庫やスマートフォンの画面の中（インターネットで接続されたサーバーを管理する会社のサービス）に存在するのだ（**図 1.11**）。

図 1.11　Amazon Mobile App（左）、Spotify Mobile App（中央）、メルカリ Mobile App（右）

よく考えてみてほしい。「何が欲しいですか？」と聞かれたときに、「〇〇が欲しいです」とシンプルに答えられる〇〇とは、すでに世の中に存在するモノまたはサービスである場合がほとんどではないだろうか。人は、今までの経験の中からしか欲しいモノやサービスを考えることができない。つまり、新たな、まだ世の中に存在していないモノやサービスを生み出すためのヒントは、誰かに聞いてもその答えの中にはないのである。

1-1-2　本書の目的

本書の目的は、デザイン思考を学ぶことによって、現在の社会に存在する多くの複雑な課題を解決できるようになること、それに**よってイノベーションの種を見つける実力をつける**ことである。

課題の解決というと、マイナスの状態を原点であるゼロの状態に

する、という意味に受け取るかもしれないが、ここでいう課題の解決とは、ゼロからプラス、またはマイナスから一気にプラスに変化させることも含んでいる。ゼロの状態から、より楽しくハッピーなプラスの状態に変化させるということは、重要な課題解決であり、まさにイノベーションへとつながる。

1–2 デザインとデザイン思考

1–2–1　デザインは色と形？

　本書では、**デザイン**と**デザイン思考**という言葉を使い分けている。これらの言葉がもつ意味の違いを理解してほしい。

　まず**デザイン**とは、新たにモノやサービスを創作していく行為である、ということができるが、この言い方だけでは、説明不足に感じるだろう。ここではいったんとどめておいて読み進めてほしい。

　ところでデザインという言葉にあなたはどのようなイメージをもっているだろうか？

　デザインという言葉がもつ一般的なイメージは、色、おしゃれ、格好よい、スマート、ファッショナブル、形を作る、美しい、きれい、おしゃれな配色、きれいな配色、美しい形、シンプル、かわいい、などではないだろうか。この中に、あなたがもっていたイメージと重なっている部分はあるだろうか？

　ここに書いたように、おしゃれなものを目指してデザインする場合もあるし、格好よいスタイリッシュなものを目指すデザインもある。しかし、それが全てではなく、あえて古めかしい印象を目指すために整ったバランスを崩したり、お堅い印象を与えたりすることによって、歴史を感じさせて信頼性を高めるサービスを目指す場合もある。全てが美しく整ったものを目指しているわけではなく、目指す目的に合わせた印象のモノやサービスを作っていくのが、デザインのひとつの側面だ。

1-2 デザインとデザイン思考

デザインという言葉からイメージされるものは、**図 1.12** のように「色と形、その組み合わさったモノ」そしてそれらが「整っていて美しいモノである」と考える人が多い。デザインとは、色と形を考えて決めて作ること、という認識が一般的である。集合の図で表すと、全体集合「デザイン」のほとんどの部分を、「色と形」が占めている。あなたの認識は、果たしてどうだろうか？

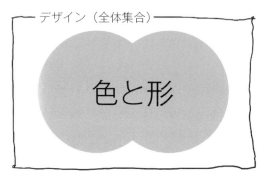

図 1.12　一般的な「デザイン」のイメージ

ところが、実際には、デザインという全体集合の中に「色と形」が占めている割合は、イメージでいうとこのくらい小さいエリアで（**図 1.13**）、

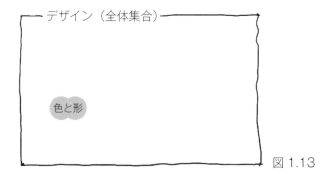

図 1.13

「色と形」以外、**図 1.14** にあるように「アイディエーション」だったり「観察」だったり「チームによるワーク」だったり「プロトタイプ」だったりと、様々なメソッドがあって、これらを条件に合わせて選び、組み合わせて、課題を発見するところから解決するまでのプロセス全体のことを**デザイン**という。そして、そのプロセスを様々な課題解決に応用できるように工夫し、まとめられたメソッドが**デザイン思考**である。

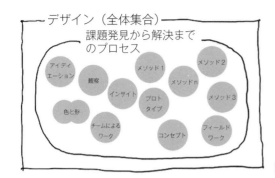

図 1.14 「デザイン」の実態

1-2-2 デザイン、デザインワーク、デザイナーという言葉に対する誤解

デザインには様々な誤解があり、先ほども述べたように色と形を生み出すことがほとんどだと思われていることがまずひとつである。色と形を生み出さないわけではないが、それだけではない。色と形がデザイン全体の中で占めている割合は、想像されているよりもずっと少ない（**図 1.14**）。

デザインは、必ずしも絵やイラストでできているわけではない。絵やイラストを描いたりすることが苦手だからといって、デザインができないこととイコールではない。絵やイラストがうまく描けなくてもデザインはできる。

次は**デザインワーク**に対する誤解である。デザインワークというのは、**デザイナー**という生まれつきのセンスをもって生まれ育ったカリスマ的な存在の「誰か」が、天から啓示を受けたような素晴らしいアイデアを思いつき、同時に誰も思いつかないような美しい色と形をひらめく、という流れで、モノやサービスが生まれる、と。このように誤解している人が多く、この大きな誤解を解かなければならない。

デザイナーの仕事は、モノやサービスが抱える課題の発見、そこからの企画、設計、さらには生産の調整、そしてプロモーションと、

プロセスの入口から出口（上流から下流）まで、多岐にわたる。

1-2-3　デザイン思考の大まかなフロー

　ほとんど全てのモノやサービスは人が使う。銀行のサーバーの中で全自動で預金を管理しているソフトウェアシステムのように、人の手に直接触れないモノやサービスも存在するが、それらも、直接触れることはなくても、何らかの形で人に便益や満足を提供するモノやサービスとしてデザインされている。であるからこそ、人はそれらのモノやサービスを使っている（使い続けている）のだ。

　つまり新たなデザインは「現状よりもさらに人に便益や満足を提供するためには、どのような欲求を満たせばよいのか？」という課題から始まるのだ。

　最初にも述べたように、デザイナーが行っている「デザインのプロセス」を、デザイナー以外の人々が、様々な課題解決に使えるように工夫されまとめられたメソッドが「デザイン思考」である。

　デザイン思考は、大きく分けると**図 1.15** のように3つのプロセスで構成されている。

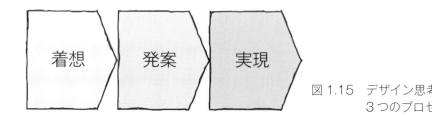

図 1.15　デザイン思考の3つのプロセス

　1つ目の**着想**は、観察によって潜在的ニーズを見つけるプロセスであり、詳しくは共感（empathy）→解釈（interpretation）→発見（discovery）という流れ（p.37、**図 2.8** 参照）。

　2つ目の**発案**は、着想で見つけた「潜在的ニーズ」を満たすための「アイデア」を発想・選択するプロセスで、詳しくはコンセプト（concept）→創造（ideation）という流れだ。

3つ目の**実現**は、プロトタイピング（prototyping）→テスト（test）→発展（evolution）という流れで、自分たちがデザインしたモノやサービスを実際の製品として実現していくプロセスである。実際のビジネスの現場では、社内上層部、投資家、クライアントに向けたプレゼンテーションも必要になるだろう。

図 1.15 だけを見ると時系列に沿って進めていく、つまりデザイン思考というベルトコンベアに乗って進んでいけば、課題を解決するためのモノやサービスを生み出せるように見える。

しかし、こんな風にストレートに進んでできあがったモノやサービスは、本質的な課題を解決することができない可能性が高い。なぜだろうか？

実際のデザインのプロセスは、この 3 つの項目の中に含まれるいくつもの小さなプロセスやメソッドを行ったり来たりすることが必要だからである。その「行ったり来たり」を肯定的に捉えてデザイン思考のプロセスを楽しめるようになってほしい。

さらにそれぞれのプロセスの中には、もう少し小さなプロセスが含まれるが、ここでは、読者にとって理解しやすくするため、あえてこの図を提示している。

1–3 デザインは複数人のコラボレーション

1–3–1　グループではなくチーム

デザインワークは、一人ではできない（コンピューターに向かって Photoshop や Illustrator、Blender などのソフトウェアを使って作業するとき、必要な資料を図書館やインターネットで調べるとき、プロトタイプを 3D プリンターで出力し表面を整えているときなどは、一人一人が別々に作業している。ここでいうデザインワークとは、その総体のことだ）。

「複数人でまとまって何かに取り組むこと」を他者に伝える場合、

一般的には「グループワーク」という言葉が多く使われる。大学の
シラバスにも、「この授業はグループワークがあるかどうか？」と
いった欄があり、なぜ「グループ」ワークという呼び方が定着して
いるのだろうか？　と不思議に思っている。

　本書では、「グループ」ではなく**チーム**と呼ぶ。あえて「チーム」
という呼び方にこだわることには理由がある。team、group とい
う言葉の意味を調べると、

team[3]
［名］
1.　仲間、組、団、（競技などの）チーム
［動］
1.　他〈人などを〉チームにまとめる
1a.　自（…と）協力［協同］する
語源、原義は「家族、子孫」

group[3]
［名］
1.　（人・物の）集まり、群れ、グループ、集団
［動］
1.　他…を寄せ集める、群にする：自群を成す［になる］
語源、原義は「束」
他：他動詞、自：自動詞

　さて、この 2 つの言葉の意味の、微妙でかつ大きな違いをぜひ知っ
てほしい。学校でも会社でも、何かの授業やプロジェクトのグルー
プワークのために集められた時点では、そこに集まった本人たちか
らすると、まさにグループ、ただの集まり、群れ、寄せ集め、束な
のだ。しかし、彼らが授業やプロジェクトで協働のワークをポジティ
ブに進めていくためには、なるべく早くグループからチームへと変

化する必要がある。仲間として様々なプロセスを遂行し目的を達成していくことが、それぞれにとってのよい結果に結びつく可能性を高めるのだ。

　本書では、デザイン思考の様々な場面で使われる「グループ」という言葉をあえて「チーム」と呼ぶ。

1-3-2　心理的安全性が保たれた関係

　デザイン思考を進めるチームメンバーは、フィアレス（fearless）な関係（心理的安全性が保たれた関係）が望ましい。ハーバード大学エイミー・エドモンドソンは、チームの心理的安全性について、

対人関係におけるリスクを取っても安全だと信じられる職場環境であること。（中略）意義ある考えや疑問や懸念に対して素直に話しても大丈夫だと思える経験と言ってもよい。心理的安全性は、職場の仲間が互いに信頼・尊敬し合い、素直に話ができると（義務からだとしても）思える場合に存在するのである。

と述べている[4]。

　この中の「職場」を「チーム」と読み替えてみてほしい。

　ここで書かれている「対人関係におけるリスク」という言い方は少しわかりにくいが、エドモンドソンは「職場における４つのリスク」[5]としてもう少しわかりやすく次のように伝えている。

① 無知だと思われる不安
② 無能だと思われる不安
③ ネガティブだと思われる不安
④ 邪魔をする人だと思われる不安

　① は、質問をすることで、質問した相手に無知だと思われてしまうリスクを不安に思って、質問しない、という行動になること。

②は、間違いや失敗をしたという事実を知られて無能だと思われてしまうリスクを不安に思って、助けを求めなかったり失敗を伝達しなかったりしてしまう、という行動になること。

③は、現状よりもさらによくしようとするときには、現状そのものやそのやり方、進め方を批判的な視点で見直してみることも必要だが、それを伝えてしまいネガティブだと思われてしまうリスクを不安に思って、伝えない、という行動になること。

④は、意見を相手に言ったり相手から意見をもらったりすることで、お互いに考えを広げたり高めたりでき、得るものがあるのだが、これによって相手から時間を奪う、邪魔をする人だと思われるリスクを不安に思って、意見を言うことや求めることをしない、という行動になること。

つまり①質問をする、②間違いや失敗を報告する、③批判的な視点で見直す提案をする、④意見を伝える・求める、この4つの行動をしても安全だと信じられるチーム環境であることが、心理的安全性が高いチームである、ということであり、デザイン思考をチームで進めていくための、最重要事項ともいえるだろう。

もうひとつ大事なことは、肩書による上下関係や群れの中のマウントとりによる影響を排除することである。

プロジェクトやワークショップ、授業などを複数名のチームで進める際に、上司や先輩、声の大きな人、態度が大きな人、図々しい人などの顔色をうかがって気を遣いながら発言をする（または発言ができずにだまってしまう）というような状況では、質の高いミーティングや議論はできない。さらにいえば、そのような状況では、個人がもともともっている自由な発想や意見も、提案されずに終わってしまい、結果としてイノベーションにつながるようなアイデアも生まれにくくなってしまう。上司が提案したアイデアにエラーを見つけたときにも、そのエラーを伝えることで上司の機嫌を損ね

第1章　デザイン思考概説

てしまうのではないか、と心配してエラーを伝えず、無駄に、プロジェクトが進んでしまうことがあるかもしれない。

　このように、チームのメンバーがお互いに気兼ねなくフラットに提案できる関係性が作られていなければ、個人がどれだけ優秀な種（知識や能力）をもっていたとしても、それらが芽を出し花を咲かせ実をつけるまでには至らないし、場合によっては問題を起こす可能性のあるモノやサービスを作って大きなマイナスをもたらしてしまうことにもなりかねない。

1–4 イノベーションを生み出す場所と道具の確保

1–4–1　デザイン思考に使うテーブルの条件

　デザイン思考のプロセスを、授業や業務、研究・開発などで取り入れる際は、全員がある程度の余裕をもって座ったり、ときには立ち上がって作業したりすることができる程度の広さがあれば、どのような空間であっても可能ではあるが、作業をするためのテーブルと椅子は必要だ。デザイン思考のプロセスに慣れてくれば、どんな場所でも瞬時に意識を切り替えられるようになるので、あまり意識しなくてもよいようになるだろう。しかし慣れていないと、講義用の大教室のような5人がけの横長のテーブルが床に固定されている教室や、階段教室のような部屋では、チーム（5〜7名程度）でのミーティングや作業はやりづらいだろう（**図1.16**）。

　では、どのようなテーブルであれば、デザイン思考のプロセスを進めやすいだろうか？

　理想的には、丸テーブルがよい（**図1.17**）。チーム全員がその周りに均等に座って、話し合い、作業ができ、その様子、状況を全員から見ることができるからだ。大きさは直径1,200 mmの丸テーブルに5〜6名、7名だと直径1,350 mmといいたいところだが、実

21

1-4 イノベーションを生み出す場所と道具の確保

図 1.16　大学の講義室

図 1.17　デザイン思考に最適な大きい丸テーブル

は日本の高校、大学、オフィスでは滅多に丸テーブルを見かけることはない。あるとしても一部のカフェテラスや食堂スペースなどの限られた場所で、さらにいえば丸テーブルの直径も 900 mm 以下の小さめのタイプが多い。

　現実的には、幅 1,800 mm、奥行 900 mm 程度の大きめのダイニングテーブルサイズのものをミーティングテーブルにしている場合

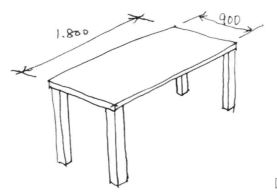

図 1.18　ダイニングテーブル

が多いので、それを 4〜6 人で使うことができる（**図 1.18**）。

　細長い幅 1,800 mm、奥行 600 mm の会議テーブル 2 つを向かい合わせに並べて（かつ養生テープなどで脚部を固定するなどして）幅 1,800 mm、奥行 1,200 mm にすることで、6 人程度までが使えるテーブルになる（**図 1.19**）。座る位置などには、少し工夫が必要になるだろう。

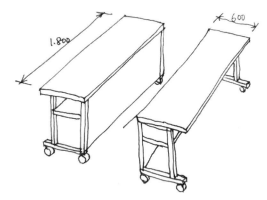

図 1.19　細長い会議テーブルを 2 つ向かい合わせに並べる

1-4-2　電源とネットワーク

　デザイン思考のワークをチームで進めるときには、瞬時に調べ物をしたり、表計算ソフトなどを使って簡単な計算を行ったり、議事録をとったり写真の編集をしたりと、ラップトップコンピューターやタブレットなどが必要である。そのためメンバーが交代でこれらの機材の充電を行える程度の電源コンセントが必要だ。またコンピューター、タブレット、スマートフォンなどを、パケット使用量を気にせず使うことができるネットワーク（無線 WiFi）が必要だ。

1-4-3　準備する道具、材料

　デザイン思考のプロセスを進める中で行う様々なメソッドをスムーズに進めるために、最低限、以下の道具を準備しておく必要がある。

① コピー用紙（A4 サイズ、100 枚程度）
② マスキングテープ（12〜15 mm 幅、色は何色でも構わない。1

〜2 巻）

③ 付箋紙（標準的な 75×25 mm でもよいが、75×50 または 75× 75 mm のような少し大きめの付箋紙を使うと、文字を大きく書くことができる。色は、赤、青、黄の 3 色。チームの各メンバーがそれぞれの色を 50〜100 枚ずつ程度）

④ サインペン（水性または顔料系インクの黒。付箋紙やコピー用紙に描いたときに裏までインクが滲まないもの。チームの人数分）

さらにプロトタイピングで手っ取り早く実体化する際に、⑤〜⑧もあると便利である。

⑤ 段ボール、画用紙、ボール紙などの少し強さのある紙

⑥ ハサミ

⑦ カッターナイフ（安全に十分注意して使う必要がある）

⑧ カッターマット

1–5 クリエイティブ・マインドセット

—あなたに創造性（クリエイティビティ）はあると思うか？—

　デザイン思考という言葉には「デザイン」という言葉が含まれている。先にも述べたようにデザイン思考は「デザイナー」がモノやサービスを生み出すプロセスをまとめたものであるため、これを実践していくことは、すなわちクリエイティブなことをしていくことなのだ。

　ところであなたは、自分のことをクリエイティブだと考えたことはあるだろうか？

　何をやっていてもどんな環境においても創造性というものは必要だ。あなたはデザイナーやアーティスト、ミュージシャンなどはクリエイティブな人たちだと思っているが、自分は彼らとは違うと感じていないだろうか。さらに、このようなクリエイティブといわれ

第 1 章　デザイン思考概説

ている職種の人は、生まれもった「センス」があり、自分は「センス」がない。と考えているのではないか？

　果たしてセンスというものは、本当に先天的なもので、後から学び身につけることはできないのであろうか？

　仮にあなたが今までクリエイティブなことができておらず「自分にはセンスがない、そしてこれから先も自分にはクリエイティブなことはできない」と思い込んでいるとしたら、それは将来訪れる可能性のあるチャンスを逃していることになるだろう。大事なことは、自分にはできないとか関係ないとか、あるいはどうでもよいとか思わず、自分なりにやってみることだ。批判的な姿勢をもつなとまでは言わないが、まずしっかりやってみてからの批判でないと説得力に乏しい。

　くまモンをデザインしたことで有名な、グッドデザインカンパニー代表である水野学は、著書『センスは知識からはじまる』[6] の中で、

自分という存在がいかに小さな島の中で閉じこもった生活をしているか。それを認識することから、世界は広がっていくはずです

と述べている。

　クリエイティブなチャレンジが、今までの自分の成功体験を作ってきた方法とは違っていると直感的に感じて、警戒心が働いているとしたら、このチャレンジによって今まで以上の新たな自分へと成長するために、変化への歩みをスタートする勇気をもってほしい。

　有名なマンガの主人公が「海賊王にオレはなる！」[7] と言っているように「クリエイティブに私はなる！」と今すぐ宣言してデザイン思考のチャレンジを始めてほしい。そして「クリエイティブとか

25

デザインとかは、どちらかというと苦手」というマインドセット*
の人にこそ、デザイン思考を学んで、クリエイティブの自信** をつ
けてほしい。

[渡邊敏之]

参考文献

1）経済産業省、特許庁：「デザイン経営」宣言（2018）https://www.meti.
go.jp/shingikai/economy/kodo_design/pdf/001_s01_00.pdf
2）経済産業省：「高度デザイン人材育成研究会」（2019）https://www.meti.
go.jp/shingikai/economy/kodo_design/index.html
3）瀬戸賢一、投野由紀夫ほか（編）：プログレッシブ英和中辞典 第5版 Web 版、
小学館（2012）https://dictionary.goo.ne.jp/ej/
4）エイミー・エドモンドソン（著）、野津智子（訳）：恐れのない組織―「心理
的安全性」が学習・イノベーション・成長をもたらす、英治出版（2021）
5）エイミー・エドモンドソン（著）、野津智子（訳）：チームが機能するとはど
ういうことか―「学習力」と「実行力」を高める実践アプローチ、英治出版
（2014）
6）水野　学：センスは知識からはじまる、朝日新聞出版（2014）
7）尾田栄一郎：ジャンプコミックス ONE PIECE 第1巻 第1話、集英社（1997）

---

* マインドセット（mind-set）：（習性となった）考え方、思考態度［傾向］
〔竹林　滋、東　信行ほか（編）：新英和中辞典 第7版、研究社（2003）より〕
** デビッド・ケリー、トム・ケリー（著）、千葉敏生（訳）：クリエイティブ・マインドセット
―想像力・好奇心・勇気が目覚める驚異の思考法、日経 BP（2014）の原題 "Creative
Confidence" を直訳

第2章
イノベーションとデザイン思考

第2章

2-1 イノベーションとデザイン思考の関係

2-1-1 イノベーションと経済成長

　昨今イノベーションという言葉を聞く機会がとても多くなっている。どのビジネス界でもイノベーションを渇望している様相だし、例えば大学などでもイノベーションとつく学科が新しく開設されたりしている。いまや日常的に触れる言葉であるが、その意味を深く考えてみたい。

　現在使われている**イノベーション**という言葉には大きく2通りの意味が含まれている（p.1、0-1 参照）。

　ひとつは技術革新としてのイノベーションであり、日々の生産活動の中で品質の改良をしたり、新しい技術を導入したりして製品の性能を向上させるという意味である。従来はこれが通常のイノベーションの意味として捉えられていた。

　もう一方のイノベーションとは経済学者ヨーゼフ・シュンペーターのいう経済成長の原動力となる革新という意味でのイノベーションである。

27

シュンペーターは近代経済学で必ず出てくる経済学者で、彼はイノベーションによって経済が変動し、それが経済成長につながるという理論を構築した（**図 2.1**）。彼が『経済発展の理論』を発表したのが 1912 年、『景気循環の理論』を発表したのが 1939 年であるから、今から 100 年ほど前にはすでにイノベーションが経済にとって大切だと考えていた人がいたことがわかる。

図 2.1　ヨーゼフ・シュンペーター
〔Wikipedia より〕

しかし、経済成長の原動力になり得るイノベーションが起こることによって、その競争に破れ売れなくなってしまう製品が出てきたり、それ以前の製品分野そのものが消えてしまうことすらも起こり得る。

この現象をハーバードビジネススクールのクレイトン・クリステンセンはイノベーションのジレンマと呼び、技術革新としてのイノベーションを**持続的イノベーション**、従来の製品や分野自体を破壊してしまうかもしれないイノベーションを**破壊的イノベーション**と呼んだ（**図 2.2**）[1]。

このことを著した彼の著書は『イノベーションのジレンマ』と訳されているが、原題は "The Innovator's Dilemma" であり、イノベーションという事象にジレンマがあるというより、イノベーションを起こす人や組織、企業にジレンマが生じるという意味が込められている。

経済成長期にある市場では市場競争原理が働くため、持続的イノ

図2.2　クレイトン・クリステンセン
〔Wikipediaより〕

ベーションだけでも市場規模は拡大し経済成長しやすい。しかし日本のように成熟した市場では、持続的イノベーションだけでは大きな経済成長に結びつくことは期待できず、何らかの社会構造の変革による成長構造の変化、つまり破壊的イノベーションが必要になる。破壊的イノベーションが起こると、余剰となった労働人口や資本などが流動する。これらが新たな産業を創出したり、強くなった分野をさらに強化することに寄与すれば、結果的に国内総生産（GDP）が向上し経済成長につながる。この破壊的イノベーションによる社会構造の変革を好機と捉えて次の成長に結びつける努力と工夫も必要になってくるというわけだ。

2–1–2　デザイン思考でイノベーションは起こせるのか

　成熟し、また低成長が続いてしまうと、やはり破壊的イノベーションに期待する声が大きくなってくる。閉塞した市場を打開する力に期待するというわけである。そこで、どうやったら社会構造の大きな変革を伴う破壊的イノベーションを起こせるのか、ということに皆の興味が集まるわけだ。

　今までと同じことを続けていても、大きな変革には結びつかないことは容易に想像できるのではないだろうか。つまり大きな変革を求めるには今まで誰も気がつかなかった「何か」に気がついて、それを社会構造の変革を起こすような「何か」に結びつける必要がある。このための思考方法が**デザイン思考**である。

つまり、デザイン思考は、破壊的イノベーションを起こす可能性を高めるための思考方法といえる。

デザイン思考はイノベーションを起こす思考方法だといわれるが、デザイン思考に基づいて考えれば必ずイノベーションが起きるというほど単純ではない。イノベーション、特に破壊的イノベーションといわれる現象が起こるには、数多くの条件を満たし、偶然ともいえる事柄が重なって作用する必要がある。

しかし、デザイン思考には人々の行動の本質を探し出す仕組みが含まれている。その本質に沿ったアイデアこそがイノベーションにつながる可能性があり、デザイン思考が世界中で注目される所以でもある。

2–1–3　イノベーションの例

身近な破壊的イノベーションの例としてスマートフォンが挙げられる。スマートフォンが発表された当時、スマートフォンに搭載された主な機能、例えばタッチパネルやカメラ、音楽プレーヤなどの要素技術はすでに存在したし、インターネット接続が可能な携帯電話もすでに存在した。つまりスマートフォンは持続的イノベーションであったわけではない。

しかし、スケジュール帳、ボイスレコーダー、電卓、カメラ等々は、スマートフォン登場以降にはそれぞれ個別に持ち歩く必要がなくなり、それぞれの産業分野自体が縮小した。また、それまで多くの人たちがコンピューターを使用してメールやスケジュールを管理していたが、スマートフォンで用が足りることとなった。つまり人々の持ち物に変化をもたらし、また同時に多くの人々にとってはコンピューターの必要性が低下したのである。それどころか、人々は撮った写真や動画をその場でインターネットに公開することに慣れ、SNS の姿やその発信力が変化したし、人々の音楽を聴くスタイルも、CD のアルバム単位の購入から定額制のサブスクリプションへ

と変化した。スマートフォンはスケジュール帳、ボイスレコーダー、コンピューターなどといった産業をある意味破壊したといえる。

Apple computer 社にとっては自社の基幹分野であるコンピューターが売れなくなり、ある意味イノベーターがジレンマに陥ったともいえる。その結果 Apple computer 社は自社の名称から computer の文字を外し、2007 年に Apple という社名に変更した。コンピューターの会社からクリエイティブな生活文化に関連した Apple 社という企業へと生まれ変わったのである。

2-2 デザイン思考の構造

2-2-1 一般的なデザイン思考の考え方

では、そもそもデザイン思考とはどのようなものなのか。概要を知るためにその基本構造を見ておきたい。基本構造といってもデザイン思考はモノゴトに対する思考の仕方のことであり、単純な決まった構造をもっているわけではない。したがってここでは大まかな**思考のプロセス**や**思考の仕方**、**思考のヒント**などと捉えてもらいたい。

一般的に多くのデザイン思考の解説書では、まずは市場にいる当事者、多くの場合はこれから開発する製品やサービスのユーザーにあたる人々と共感（empathy）をもつところから始め、その中から課題を発見し（define）、解決策を発想し（ideate）、試作して（prototype）、テストする（test）と書いてある（**図2.3**）。

最初の**ユーザーにあたる人々と共感をもつところから始める**とはどういうことだろうか。

図2.3

一般的にデザイナーといわれる人たちの思考プロセスでは、単純に直接ユーザーから答えを引き出そうとするのではなく、誰も気がついていない新しい価値を提案したいと思うものである。デザイン思考でも、フィールドワーク（p.47、3–2 参照）を経てそのフィールドに対する自分自身の解釈を進め、そこからユーザーすら気がついていないポイントを発見し、それをイノベーションにつなげていくことになる。

共感には 2 種類あるといわれる。実体験を基に相手にシンクロして察するという意味での共感（sympathy）と、実体験の有無にかかわらず、想像の中で相手に歩み寄るという意味での共感（empathy）である。sympathy は相手に同情しているものの相手と同じ気持ちになっているとは限らない場合に使い、より感情移入している場合には empathy を使用する（p.61、4–1–2 参照）。

共感とは、ユーザーの行動心理を読み解いたうえで、そこに自らの心情を重ね合わせて感情移入しながら捉える、ということであり、「共感」（empathy）といわれている所以である。

共感に関する一連の流れを**図 2.4〜2.7** に表す。

① 観察

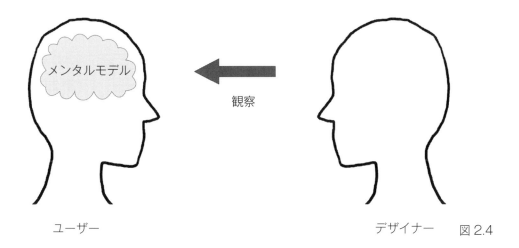

図2.4

　まず歩み寄って共感を得るために、あたかも自分が経験したように事象を捉える工夫をする。そうやってユーザーの心理状況（メンタルモデルという。p.68、4–2参照）を知るところから始める（**図2.4**）。

② 経験の拡大

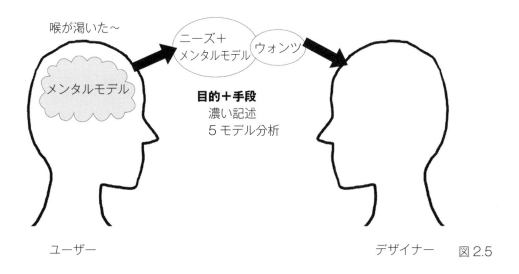

図2.5

　①の観察で知り得るユーザーのメンタルモデルはいわばニーズである。例えば、喉が渇いたからその渇きを癒したい、というよう

な目的を指す部分である。デザイナーは「どうやって」喉の渇きを癒すか、その手段を考える必要がある。例えば自動販売機でのドリンク提供、カフェでゆっくりする時間も含めたドリンクの提供、そもそも喉が乾かないような環境の提供かもしれない。そこには複数の手段が存在し、「どうやって」の部分をウォンツという（**図 2.5**）。経験の拡大については、p.49 参照。

③ 解釈

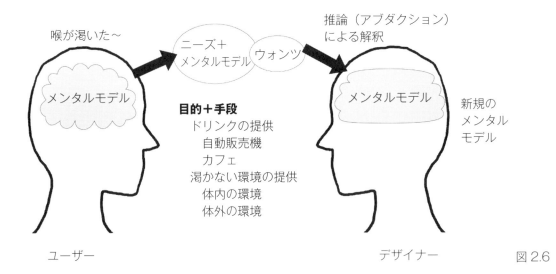

図 2.6

デザイナーは観察をしてニーズを理解するだけではなく、さらに推論（アブダクション）によってウォンツも含めて解釈し、ユーザーのメンタルモデルをあたかも自分のメンタルモデルであるかのように捉える必要がある（**図 2.6**）。なぜなら、この後デザイナー自らがアイデアを創出する必要があるからだ。歩み寄りによる共感（empathy）である。このように、デザイナーが推論によって解釈したメンタルモデルを**新規のメンタルモデル**と呼ぶことにする。詳細は p.72、4–2–2 参照。

④ テスト

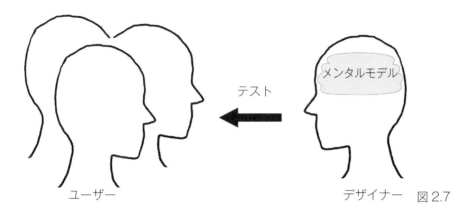

図 2.7

　アイデアは新規のメンタルモデルを基に生み出されたものであり、あくまでも推論のうえに成り立っている。したがって最終的には本当に人々にとって有効なアイデアだったのか、観察した対象とは別の人たちにテストし検証する必要がある（**図 2.7**）。

　デザイン思考の場合、多くは自分に実体験がないフィールドを取り扱うことになる。想像の中で自分の心情と重ね合わせて相手に歩み寄る必要があるのである。

　しかし、感情移入には気をつけなければならない。人の思考にはとかくバイアスがかかりやすい。バイアスは有効なフィールドワークの妨げになる可能性が高い。このことは p.51、3–2–2 でも触れる。

　また、普段から馴染みのないフィールドでフィールドワークすると、自分にとって珍しいことにたくさん出くわす。その結果色々な新しい知見を得、イノベーションの種を見つけたような気になるものだが、イノベーションの種はそう簡単に見つかるものではない。逆にいうと、半日やそこらのフィールドワークで簡単に見つけられる発見で事足りるのであれば、とっくの昔にそのイノベーションは起こっているともいえる。

人間はほかの動物に比べて、身体の大きさの割に大きな脳を維持していて、考えることが得意な動物であるといえる。身体全体の新陳代謝の2割が脳の活動に割かれているといわれており[2]、考えるということは割合として大きなエネルギーを必要とするということだ。人間はできるだけそのエネルギー消費を控えようとするので、その結果、考えることをやめるか省力化することを目指すわけだ。この人々が考えることをやめてしまった先に、誰も気がついていない「何か」が見つかる可能性がある。考えることをやめずに試行錯誤を続け、その先に考えを巡らせる努力が必要なのである。

ここで肝に銘じておきたいのは、自分自身が新しい知識や感覚を得ることが目的ではなく、社会にイノベーションを起こすことが目的であるということだ。単に落ちている答えを見つけるのではなく、落ちている何かを拾い上げたら、それを基に自分でアイデアを創造し、そのアイデアを形にして、うまく機能するかを試してみて、イノベーションの種、つまりまだ誰も気がついていない社会に対する新たな価値に創り上げていく必要があるのだ。

イノベーションの種は共感したからといって簡単に見出せるわけではなく、そこからさらに違和感や疑問点にフォーカスし、誰も気がついていなかった新たなポイントを発見する努力が必要だ。そのためにはデザイン思考を一般的な解説書にあるような、共感→発見→発想→試作→テストといったリニアなプロセスとして捉えるのではなく、ある意味「理屈に則った試行錯誤を行う」のだということを覚悟しなければならない。デザイン思考とは試行錯誤の仕方をまとめたものなのである。

2-2-2　本書で扱うデザイン思考の構造

そこで、本書で扱うデザイン思考の構造について、もう少し詳しく解説しておきたい。

第2章　イノベーションとデザイン思考

　本書の目的は**イノベーションの種を見つける実力をつける**ことであるが、イノベーションの種とは何だろうか。何がイノベーションを起こす引き金になるのか、その詳しい内容は徐々に解き明かしていくが、まずはほかの人が気がついていない、人々の行動の潜在的な理由を探し出すこと。そこからイノベーションに結びつけていく努力が必要なのである。この、ほかの人にはなかなか気がつくことのできないことを探し出すためには、ある手順に沿って順番に作業を進めていけばよいということではなく、試行錯誤を繰り返し、思考の精度を上げていく必要がある。つまり、できるだけたくさんの可能性を検討し、潰していくことで、自分が思考した内容が最良であると確信をもつことができるのだ。手順通りに一発で見つかる場合もあるだろうが、それは偶然の産物であり、むしろ珍しい出来事ですらある。

　p.16、**図 1.15** で示したようにデザイン思考は**着想→発案→実現**の3つのステップで進むことになるが、本書では**着想**についてさらに細かく共感（empathy）→解釈（interpretation）→発見（discovery）、**発案**についてはコンセプト（concept）→創造（ideation）、**実現**についてはプロトタイピング（prototyping）→テスト（test）→発展（evolution）として捉えていきたい（**図 2.8**）。

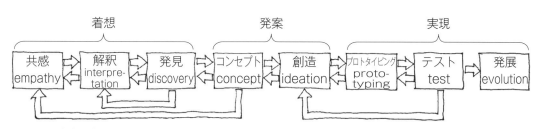

図 2.8　本書で扱うデザイン思考の構造

　ただしこれは PDCA サイクルのようにリニアなプロセスを指しているのではない。一般的にいうアジャイル、つまり行ったり来たりしながらの試行錯誤のような感じで、順番の決まった思考方法ではないことを強調しておきたい。

つまりデザイン思考に用いる要素がいくつかあって、必要に応じてその要素の間を行ったり来たりしながら、徐々に精度を上げていき、最終的にイノベーションの種を見つけ出していくというわけである。デザイン思考は最初から思考の道筋があるのではなく、最後になって振り返ったときに、思考の道筋をたどることができるのみである。

要所要所で巻頭のすごろく目次や**図2.8**をチェックし、必要な箇所（要素）に戻って読み直し、これから始まる試行錯誤の道しるべとして使ってほしい。テストが完了したら、その成果を発展させて事業化を進め、本格的にイノベーションの実現へと進むことになる。それを発展（evolution）と示しているが、本書では事業化以降のことは扱わないこととする。

デザインとは答えのない創造活動であり、最後まで正解は見つからないものである。試行錯誤を単なる失敗と捉えるのではなく、思考の精度を上げる大切なプロセスだと捉えるのが大切である。

本書の内容に沿ってプロジェクトを進め、ある程度の経験が積み重ねられデザイン思考自体に慣れてきたら、全てのプロセスを網羅的に本書の通りに進める必要はなくなるかもしれない。不得意な部分やうまくいかない部分について、チェックリスト的に使用することで、自身のバイアスを解消し客観的に思考を進める一助としてほしい。

コラム　デザイン・ドリブン・イノベーション

ミラノ工科大学ビジネススクールでデザインマネジメントを研究する、ロベルト・ベルガンティ（**図2.9**）が執筆した『デザイン・ドリブン・イノベーション』[3]という書籍がある。ドリブンとはドライブの過去分詞形で、デザインでドライブされたイノベーションという意味である。「デザインの力を活かしたイノベーションのススメ」みたいな感じだろうか。2012年に翻訳出版され、2016年に新版が

図 2.9 ロベルト・ベルガンティ

出版されたこの本では、イタリアの家具や生活用品のブランドの多くがいかにデザインの力を活用してイノベーションを引き出し経営資源として活かしてきたか、が事例を挙げながら解説されている。筆者が以前にクリエイティブ・ディレクターとして勤めていた会社は、もともとはイタリアで創業された家具メーカーだったので、毎年のようにイタリアに出張し、色々とイタリアの家具の勉強をしてきた。イタリアを中心にヨーロッパには優秀なデザイナーがたくさんいることも見てきていたし、そんなイタリア人デザイナーたちともたくさん仕事をしてきた。そんなこともあり、ベルガンティの書籍は興味深く読むことができた。この本を読んだ 2012 年は、ちょうど「デザイン思考」に関連する授業を開講しようと考え準備を始めていたときだったので、思い立って 2013 年、イタリアまで彼に会いに行った。色々と議論をさせてもらい、巷で注目されている「デザイン思考」ではなく、もう少しデザインのプロセスやクリエイティブな分野に興味のある学生向けに改良した授業を組み立て直して開講するべきだとの考えに至るきっかけにもなった。ベルガンティはデザイナーではなく、経済学やビジネスマネジメントの研究者であったが、世界的に権威のあるコンパッソ・ドーロ（金のコンパス）というイタリアのデザイン賞を獲得している人でもあり、デザインの力がイノベーションを起こすのに活かせるのだということを強く考えさせられるエキサイティングな議論だった。しっかりと思考されたデザインならイノベーションを加速できる。したがって、イノベーションとデザインの関係を踏まえた「デザイン思考」の授業を提供するべきだ、と思い今に至っている。ベルガンティと議論をした中で、これからの社会ではどのようなイノベーションが必要で重要かというテーマがあった。そこで筆者は「モノ」のイノベーションから「コト」のイノベーションに重点が移っていくのではないかと話したところ、議論は非常に盛り上がり、ベルガンティはそのことを「意味のイノベーション」と呼びたいと言っていた。"Innovation of Meaning" だ。彼はその後、2017 年に日本で翻訳出版

された『突破するデザイン』という書籍で「意味のイノベーション」の重要性を主張している[4]。例え製品開発のプロジェクトであっても、人々にとってその製品のもつ意味が変化して人々が生活していくうえでの価値が変われば、それが「意味のイノベーション」だ。スマートフォンは人々の色々な「コト」の意味をイノベーションした。人々にとってのコミュニケーションの意味を変え、音楽を聴くという行為の意味も変え、移動や金銭決済の意味まで変えてしまった。

　これから「デザイン思考」を勉強する皆さんにお伝えしておきたいことは、将来皆さんが企画したりデザインしたりする「モノ」を人々が使うことで、その人々が展開する「コト」がどう変化するのか、その「意味」にどのような変化をもたらすのか、に注目してほしいということである。つまりデザインとは「モノゴト」の本質を探る行為でもあり、デザイン思考も「モノゴト」の本質を探る思考方法であるわけだ。かつて、レイモンド・ローウイはインダストリアルデザイナー（工業デザイナー）の仕事を「口紅から機関車まで」[5]と表現したが、人々の生活は口紅から建築、都市計画に至るまで広範囲に網羅された分野で営まれている。成熟した社会では、単に口紅や機関車の外観をデザインするだけではなく、人間が生活する環境の全てを網羅的に深く理解した人材がますます求められており、同時にこれはデザインという分野を通じて、社会でのサバイバル力を身につけた人材が求められているということも意味している。デザインするという行為は、モノゴトの本質を探り、人々にとっての「意味」に新しい価値をつけて経済活動に貢献していくという作業である。この思考方法を身につければ、デザイナーという職業だけにとどまらず、どんな仕事であろうと社会でのサバイバルに役立つだろう。

　記憶に残っている話がある。筆者が教えている学科のある学生が旅行代理店に就職することになった。デザインを勉強していたのに、なんで旅行代理店に行くことにしたの？　と聞いたところ「先生、何を言っているんですか。僕はお客さんの思い出をデザインしに行

くんですよ。これは先生から教わった考え方ですよ。」と言われハッとしたことを覚えている。皆さんにもぜひ、デザイン思考を勉強することで自分の夢や可能性を広げていってほしい。

［柏樹　良］

参考文献

1) クレイトン・クリステンセン（著）、玉田俊平太（監修）、伊豆原弓（訳）：イノベーションのジレンマ 増補改訂版—技術革新が巨大企業を滅ぼすとき、翔泳社（2001）

2) Tobias K, *et al*："Body-mass index and mortality among adults with incident type 2 diabetes", 370（3）：233-244, NEJM（2014）

3) ロベルト・ベルガンティ（著）、佐藤典司、岩谷昌樹、八重樫文（監訳）：デザイン・ドリブン・イノベーション—製品が持つ意味のイノベーションを実現した企業だけが、市場優位に立つ、クロスメディア・パブリッシング（2016）

4) ロベルト・ベルガンティ（著）、八重樫文、安西洋之（監訳）：突破するデザイン—あふれるビジョンから最高のヒットをつくる、日経BP（2017）

5) レイモンド・ローウイ（著）、藤山愛一郎（訳）：口紅から機関車まで—インダストリアルデザイナーの個人的記録、鹿島出版会（1981）

第3章

フィールドワーク（現場を知る）

3–1 現場を知る目的とフィールドの選定

3–1–1 現場を知る目的

　この章から具体的にデザインのプロセスに沿って話を進めていきたい。

　さて、突然だが「今日から皆さんに宇宙船のデザインをしてもらいます」と言われたら、皆さんはまず何から手をつけるだろうか？　はぁ？　宇宙船？　せめてスマートフォンとか普段使っているモノにしてよ、と思ったかもしれない。しかし、現実のビジネスの世界では、いつ何が要求されるか全くわからないのも事実である。

　自分に関係ない仕事を全部断っていたら、おそらく何もできない。自分の生活とかけ離れた分野のプロジェクトも引き受けることが結構あるというのが現実で、むしろそれを面白がるくらいの好奇心が必要だろう。イタリアでは「デザイナーは偉大なるアマチュアたれ」という言葉がある。デザイナーは、多少浅くてもよいから、広く色々なことに興味をもっていなくてはならない、という意味だ。そして、新しいプロジェクトと出合ったら、また新しくその分野のことを勉強して、偉大なるアマチュアとして貪欲にその世界に入っていくのだ。

43

3-1 現場を知る目的とフィールドの選定

　偉大なるアマチュアたるということは、自分の生活を丁寧で良識ある生活に見直していくことでもある。このことはデザイン思考を実践する人たちにとっても同じである。日常生活の質もデザイン思考の質に大きく影響する。色々なことに好奇心をもって、これまで知らなかった世界に接することを面白がってほしい。

　つまり基本は身の回りで起こること全てに興味をもって、それを実践していくという態度が必要だ。日常生活の態度次第で色々とものの見方が変わってくる。日常生活も常にデザイン思考に対しての臨戦態勢をとったうえで、さらに宇宙船といったような自分にとって全く新しい世界に入っていくときに有効な方法を身につけられたら、どんなによいことか。ここで重視したいのは、好奇心をもつということだけではなく、その世界への入り方である。

　筆者が新卒で働き出した頃、とある先輩が突然職場から姿を消した。最近見かけないけどどうしたのかな？　と思っていたら、一週間ほどしてから真っ黒に日焼けして戻ってきた。沖縄でダイビングのライセンスをとってきたんだそうだ。この忙しい時期によくもまぁそんな長い休暇がとれたもんだなと思っていたら、休暇ではなく会社の経費で出張してきたんだと。その後、その先輩はとても格好よい潜水用のビデオカメラをデザインし、そのデザインはとても評判になった。会社から潜水用のビデオカメラのデザインを担当するよう言われ、ダイビングが趣味というわけでもなく、もちろんライセンスももっていなかった先輩は、とりあえず海に潜る経験をする必要があると判断した、というわけだ。

　また、別の部署ではニュース取材などに使われる放送・業務用のビデオカメラを担当しているデザイナーが、自分の担当しているビデオカメラを担いで放送局の取材チームに帯同し冬山を登山したと言っていた。お宅のカメラは重たくて取材が大変だという話を聞かされ、次の機種をデザインするための経験として、実際の取材チームと一緒にその重たいカメラを担いで冬山に登ってみたということ

第 3 章　フィールドワーク（現場を知る）

だ。また、取材用のビデオカメラや通信機器などは軍手や革の手袋をした状態で操作することが多くある。そのような状況でも一瞬の取材タイミングを逃すことなく操作できる必要があり、失敗は許されないということから、自衛隊などで使われる軍用品を参考に操作性の検討をした、という話も聞いたことがある。手袋をした状態で生命に関わるような操作をする軍用品は、決定的な瞬間を逃すわけにはいかない取材用ビデオカメラの操作性や信頼性を検討するうえでも参考になったようだ。

　その当時、筆者は携帯用のオーディオ機器を担当していたが、ある日、中学生くらいの年齢層の女性に向けた製品のデザインを任された。筆者は新卒だったから会社の中では一番若いとはいえ、女子中学生がどんな音楽を聴いているのか、どんな好みで、どんな楽しみ方をしているのか想像もつかなかったし、ダイビングのライセンスをとるように、自分が女子中学生になるわけにもいかなかった。どうしたものかと上司に相談したところ、グループ会社の市場調査部門にインタビュー調査ができるところがあると教えてもらい、調査を依頼することになった。女子中学生数名を一室に集め、お茶とケーキを用意して、プロのインタビュアーが色々と質問しながら普段の生活の様子を聞き出していき、それを別室で控えている筆者らがマジックミラー越しに観察する、という調査手法である。もちろん中学生たちには事前に調査であることを伝え、保護者からも承諾されている調査だ。事前の打合せでどんなことを聞き出したいか伝えてあるのだが、こちらからインタビュアーのイヤホンに向かって、もうちょっとこんなことも聞いてほしいとか、今の意味をもう少し詳しく教えてほしいとか指示を出したりもできる。確かに面白い体験ではあったが、それでデザイン業務がすごく楽になったかといえば、調査はあくまでも調査、その後も結局すごく悩み苦しみながらデザインすることになった。インタビューでわかったこともたくさんあったが、逆に悩みが増えたのも事実だ。そのときはとりあえず自分が女子中学生になってしまいたいと思ったものだ。さすがにそ

45

れは無理だったが（笑）。

では、宇宙船のデザインをするとしたら、まずどうすべきか？さすがに宇宙に行くわけにはいかない。NASA で数年間の訓練を受け最終試験に合格できるまでの間、ほかのことは全て休むことになってしまう。

おそらく皆さんも、まずは既存の宇宙船のことを調べ、次に宇宙飛行士にインタビューすればよいかな、と考えたのではないかと思う。自分とは違う属性の人たちの実態を知るには、インタビューは有効な手段のひとつである。筆者もまず、宇宙飛行士や NASA や JAXA の職員にインタビューすることから始めるだろう。

しかし、先の例でもわかるように、本当はデザインを担当するなら自分で宇宙に行くのが一番よい方法だろう。そう、そう思ってしまうその理由こそが一番のポイントである。デザインとは創造活動であり、答えを見つけるのではなく、答えを創り出すのである。答えを見つけるだけであれば第三者を観察することによって可能かもしれない。しかし答えを自分自身で創り出す必要があるとなれば、自分自身がそのフィールドを経験しているかどうかが重要になる。できることなら自分で経験しておきたい。しかし、経験できない分野もある。そこで、観察調査の結果をあたかも経験したことのように捉える工夫が必要であり、デザイン思考では最初のフィールドワークに対する工夫を重視する。

3–1–2　フィールド選定の重要性

では、どのようにフィールド調査の対象を決めるのか。あたかも自分自身が経験したことのように捉える必要のあるフィールドとはどこなのか。このフィールド調査の対象の決定が後々の結果に大きく影響するだろうことは想像に難くないだろう。

例えば病室のデザインについてイノベーションを求める場合、現状の病室をフィールドとして調査することは当然ながら、患者に

第3章　フィールドワーク（現場を知る）

とっての居心地を考えるのであれば、ほかの居心地を重視している
フィールド、例えばホテルの居室や居心地のよい飲食店など、ほか
の分野についても調査してみることが必要だろう。

　つまり、プロジェクトが有しているテーマによってフィールド調
査の対象は様々で、どのように対象を決定すればよいのか考察して
おく必要がある。プロジェクトからどのようなキーワードを連想す
るか、共通するキーワードをもつ他分野にはどのようなものがある
か。その中で調査の可能なフィールドはどこか。そういった手順で
フィールド調査の対象を考えてみるのも有効である。

3-2 フィールドの調査方法

3-2-1　民俗誌調査　―量的調査と質的調査―

　一般的に、社会の状況を客観的に明らかにするための調査には大
きく分けて2つあるといわれる。**量的調査**と**質的調査**である。統
計的に数字を得て実態を明らかにしていく調査のことを量的調査と
いい、駅前で乗降客数を数えたり、国勢調査で人口を数えたりと、
明確な数量を割り出し社会の状況を調べていく調査である。それと
は対照的に、インタビューや記述式のアンケートを使って言質を得
たり、何を考えている人が、どれくらいいるのかといったことを調
べていく調査を質的調査という。これらの調査では、知りたい事象
の当事者の状況を知ることが可能だ。しかし、状況を知ったからと
いって、それでデザインできるわけではない。調査してわかった状
況からデザインできるのであれば、調査会社がデザインをすればよ
いわけだが、世の中そうはなっていない。状況を知っただけでは、
新しい価値は生まれないのだ。よく「どんなものが欲しいですか？」
という質的調査を行ってデザイン開発に活かそうとすることがあ
る。商品開発のプロではなく、一般の消費者に、どんなものが欲し
いですか？　と聞けば、確かに開発のプロが気がつかなかった何ら

かの隠れたニーズが見つかるかもしれない。しかしその反面、素人考えの誰でも思いつくような答えしか得られず、大したヒントも見つからない可能性も大きい。「どんなものが欲しいか」を聞くのではなく、どんな生活をしているのかを知って、そこからまだ誰も気がついていない、誰かに聞いても出てこないような、全く新しい答えを自分自身で生み出すことを目指さないと、イノベーションにつながるアイデアは期待できないだろう。イノベーションにつながるかどうかは別としても、市場でよく売れる商品を開発するために心がけることとして、思わず「あ、こんなものを探してたんだ」と思わせるものがよいといわれる。初めて見るわけだから決して探していたわけではないのだが、いかにも探していたものを見つけたような気にさせるもの。それが皆から支持される商品であるといえる。皆さんも買い物をしているとき、それ自体を決して探していたわけではないけれど、こんなのが欲しかったんだよね、と感じて思わず買ってしまった経験があるのではないだろうか。

　ではどうやって、本当は探していたわけではないのに、あたかも「探していた」と思わせるような何か、を見つけ出すのだろうか？それにはやはり、誰も気がついていないけれど、潜在的に求められている何かに結びつくようなアイデアを見つけ出すことが必要だ。しかし、そのようなアイデアは自然に湧き出てくるものではない。アイデアの出し方については後述するが、まずはそういったアイデアを出すための準備が必要なのである。

　図3.1、3.2を見てなんだと思うだろう？　これはシリコンバレーのデザインファーム*であるIDEO（p.159、コラム参照）がある調査をしたときの、病室の天井の写真である。IDEOが医療器具のデザインを依頼されたとき、担当者はまず病院のベッドに寝てみて、入院患者を疑似体験してみたのだ。

---

* デザインを基軸にしながら、デザイン以外のビジネス領域、例えば新規事業創出やブランディングなどのコンサルティングも手がける企業や組織のこと。

第 3 章　フィールドワーク（現場を知る）

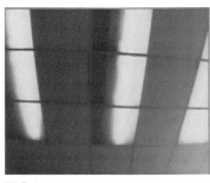
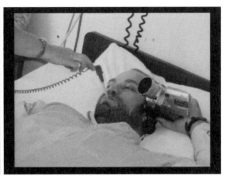

図 3.1　　　　　　　　　　　　図 3.2
〔Paul Bennett："Design is in the details"（2005）https://www.ted.com/talks/paul_bennett_design_is_in_the_details/transcript?embed=true&subtitle=en より〕

　筆者は以前、医療用のベッドで有名なとある企業と顧問契約を結んでいたが、その会社のデザイナーたちは病院の医師や看護師には色々調査して開発していたが、入院患者に対しては調査したことがないと聞いて驚いたことがあった。そのときにこの写真の話をして、それ以来、その企業でも入院患者のことを考えて商品開発をするようになったと聞く。病院のベッドの本当のユーザーは入院患者であるはずだが、業界では医師や看護師の使いやすさを一番に考え、入院患者の居心地のよさは二の次にされていたのだ。

　この話に限らず、成熟した業界では意外とこの手の見落としは多くあるのではないか。病院のベッドのデザインに関するベテランデザイナーでこその習熟度も必要であるが、同時に慣れっこになってしまって見落としがあることにも注意が必要だ。したがって単にインタビューや観察調査をして終わらせるのではなく、いかに自分が経験したかのように捉えるか、自分では当事者として経験することのできない世界にどうやって入っていくか、が重要なポイントなのだ。アイデアは自分の頭の中でひらめくものであり、自分の責任で出すしかないし、他の人から出してもらうものではない。つまり、自分があたかも当事者として経験したかのような感覚が必要で、ここではそれを**経験の拡大**と呼ぶ。

　デザインをするうえで、誰も気がついていない新しい価値を生み

出すようなアイデアを出すために有効な調査方法といわれているのが民俗誌調査（エスノグラフ）である。民俗誌の**誌**は日誌などに記録をつけるという意味で、英語では log（ログ）という。単なる記録は record（レコード）だが、log は人間が記述した記録のときに使う。機械式の飛行記録は flight record だが、機長がつける飛行記録は flight log という感じだ。民俗誌調査は民俗学の中で培われてきた調査方法である。フィールドワークを通じて、色々な事情が複雑に絡み合った人間社会の現象を記述する方法であるとされ、文化人類学や社会人類学などの発展にも寄与してきた。また、宗主国が歴史や宗教、言語、道徳の全く違う人たちを理解することができず、植民地を統治するのに手こずっていたときに、複雑な植民地の事情を解釈する一助に使ったといわれている。日本ではよく「ほかの人の迷惑になるから、そんなことは止めなさい」といった教育がなされる。日本人にとっては社会を平穏に保つための常識的な道徳であり、疑う余地もないかもしれない。しかし、インドでは「あなたがこの世に生まれ落ちたこと自体が迷惑なのだから、ほかの人の迷惑は全て受け入れなさい」といった教育がなされるそうだ。なるほど、日本の社会は整然と、インドの社会は混沌と、しかし両方とも社会を平穏に保つための道徳教育がなされているわけだ。こういったインドを統治していたイギリスにとっては理解しがたいことがおそらくたくさんあったのだろう。オランダはインドネシア、フランスはベトナム、スペインはフィリピンを統治していたことがあるが、土地が違い、歴史や宗教や言語や道徳の違う、いわば異世界ともいえる人間社会を理解しようにも、もはや理解の域を超えていたのかもしれない。それで最終的に至ったのが、**単に理解するのではなく解釈する**という考え方だ。「解釈する」とは英語で interpret だ。単なる「理解する」understand とは意味合いが違う。文章や物事の意味を、受け手の側から理解すること、つまり自分なりに考えて理解することが解釈するということである。この**自分なりに**という部分がとても重要である。なぜなら、調査した結果から自動的

第 3 章　フィールドワーク（現場を知る）

にアイデアが出るわけではなく、アイデアを出し、新しい価値を創出するのは自分自身だからだ。先に述べたように調査からアイデアが出るなら調査会社がデザインすればよい。しかし世の中はそうはなっていないという事実を思い出してほしい。

　デザインをするためには**経験の拡大**をしておく必要があり、ときには自らの実体験を基に共感（sympathy）し、それでもわからないことは質問して理解を深め、自分なりに歩み寄って感情移入（empathy）することで**解釈**を促すことが重要だ。複雑に絡み合った人間社会の現象を記録する民俗誌調査は、デザインをするときに、自分の知らない世界の複雑に絡み合った状況を調べ、解釈するのにうってつけだ、と考えたのが IDEO だ。IDEO は、デザイン会社でありながら民俗学者や心理学者などもスタッフに迎え入れ、本質的な人間社会の解釈に努めデザイン思考を発展させた。

3–2–2　濃い記述

（1）箇条書きの功罪

　では次に民俗誌をつけるメソッドを考えていきたい。まずフィールドで観察した全ての事象を詳細な文章に記述することが必要で、デザイン思考ではこれを**濃い記述**（thick description）と呼んでいる。thick なので直訳すると分厚い記述という感じだ。「フィールドワークに行って観察調査をしてきてください」と伝えると、だいたい箇条書きのメモをとってきてくれる。ときには写真を撮って、一言メモを添えて提出してくれたりもする。それを見れば、なんとなくその場の雰囲気は掴めるし、これらのメモや写真でフィールドワークしてきたと思うのが普通である。

　しかし、ここに大きな落とし穴がある。それは**バイアス**の存在である。皆さんの小学校や中学校のときのクラスを思い出してみてほしい。クラスの中には色々なタイプのクラスメイトがいたことだと

思う。直感的に活動するタイプの子もいれば、思慮深くじっくり考えてから動くタイプの子もいたのではないだろうか。また、人間関係に興味をもつ子もいたし、人間よりもモノに興味がある子もいたはずだ。物事の捉え方には人それぞれ得意不得意があって、それが個性と捉えられている。小中学校のクラスに限らず、よく考えたら世の中には色々なタイプの人がいる。ということは調査する人のタイプ、つまり得意不得意によってその箇条書きのメモの内容が変わってくると思わないだろうか？

　箇条書きは、それが書かれた時点で、それを書く人の主観で選別されたものである。人間観察が好きな人とモノの観察が好きな人では、選別に違いが出てきてしまう。この直感的な判断が加わってしまった結果を**バイアス**がかかった結果といったりする。バイアスとは斜め方向に走った様を指すことから、偏りのこと自体をこう呼んだりする。人は自分に不利な情報や都合の悪い事実から無意識に目を背けようとしがちであり、このことを**確証バイアス**という。
　これらのバイアスを極力なくして客観的な状況描写をするために、濃い記述が必要なのである。

(2) 5W1H の意味
　濃い記述を行うためには 5W1H を含めた文章にすることが重要で、いつ（When）、どこで（Where）、誰が（Who）、何を（What）、なぜ（Why）、どうやって（How）という項目全てを含んでいる必要がある。5W1H には諸説あるが、もともとは新聞記事を書く際のチェックリストだったともいわれている。いつ、どこで、誰が、何を、なぜ、どうやったのか、全ての項目が記されていないと必要な情報が読者に客観的に伝わらない、ということだ。フィールドワークをしてきた場合、その場ではメモでもよいのだが、調査現場から帰ってきたら、記憶が消えてしまう前に、5W1H を意識しながら濃い記述に書き起こす。はなはだ面倒ではあるが、その後の有効なア

第 3 章　フィールドワーク（現場を知る）

イデア出しのために、ここは頑張って濃い記述をつける習慣をつけたいものである。

　またフィールドワークにはプロジェクトチームの全員が参加するわけにはいかない場合もある。現場が狭かったり、大人数で押しかけては迷惑だったり、はたまたチームのメンバーが手分けしてより多方面に調査に出かけたいなど理由は様々だが、調査から帰ってきてから、その状況をチーム内で共有することも必要だ。その際に5W1H がしっかり網羅されている濃い記述がとても大切になる。その場の状況が手にとるように描写されている濃い記述が理想なのだ。しかし、ここで問題が起こる。観察しただけではなぜ（Why）がよくわからない場合が出てくる。なぜこの人はこんなことをしたのだろうか？　それがわからないと 5W1H が埋まらない。きっとこうだろう、と想像して書くこともできるが、それではバイアスがかかってしまう可能性がある。そこで、デザイン思考の民俗誌調査では、なぜだかわからないときに、被験者に聞いてもよいことになっている。調査によっては、客観的な調査を実現するために、調査されていることを被験者に意識させない方がよい場合もある。p.45、3–1–1 で触れた中学生の調査ではマジックミラー越しに観察した。調査であることが意識されると、客観的な調査ができなくなってしまう、という感覚はよくわかる。

　しかしここで行おうとしている調査は、自分の解釈の精度を上げるために**経験を拡大**するための調査である。客観的な量的調査をするのとはちょっと目的が違い、調査結果にバイアスがかからないようにすることよりも、自分自身の解釈にバイアスがかからないようにすることの方が優先される、とでもいう感じだろうか。

3–2–3　ラポールの必要性

　こういった調査をする場合に重要なのは、被験者との間で**ラポール**を築くということだ。ラポールとはもともとは臨床心理学の用語で、セラピストとクライアントとの心的状態、主に信頼関係のこと

である。カウンセリングや心理療法を行ううえでの前提条件である
といわれている。民俗誌調査でもこのラポールを築くことが重要で
ある。相互を信頼し合い、自由に振る舞ったり感情の交流が行える
関係が成立していればよいわけだ。筆者は以前調理器具のデザイン
をする際に、厨房でプロの料理人を調査したことがある。その料理
人は以前からの友人だったので、すでにラポールは築けていたが、
やはりプロジェクトの進捗状況や今回の調査の目的などを丁寧に説
明し、率先して協力してくれるように気遣った。厨房にはビデオカ
メラなどを設置し、記録係も複数配置した。プロの料理人にとって
聖域ともいえる厨房に、これらの装置や調査者が入り込むわけであ
るから、やはりラポールが築けているかどうかは重要である。ラポー
ルは介護の現場でも使われる概念であり、福祉施設の名称にも使わ
れたりする。民俗誌調査をする場合、特になぜ（Why）は観察だけ
では解釈しづらく、被験者に聞いてみないとわからないことも多い。
ラポールを築く努力をしたうえでしっかり聞き出すことが重要なの
である。

　デザインはアイデアから始まる。なにはともあれ、まずは有効な
何らかのアイデアを出す必要があるわけだ。アイデアを出すのは自
分自身であり、誰かに頼ることはできない。そのためには当事者と
して事態を解釈できるように**経験を拡大**しておきたいのだ。
　知識と知性は違う。知識は人から教わったり自分で調べたりした
情報の蓄積だが、それを理解し自分の糧として身に浸みこませ、思
考や行動に反映できるようになって初めて知性として備わるのだ。
アイデアを出すということも、それと非常に似ている。知識だけで
はアイデアも出てこず、デザインも扱えない。皆さんには色々な情
報を自分の知性として備えてほしい。普段から色々な経験をしたり、
経験を拡大したりして、自分なりに状況を解釈し、常にアイデアが
出せる状態を作ってほしい。

3–2–4　5モデル分析　—同じ事象を5つの視点から見直す—

　ここまで民俗誌調査の際の注意点について見てきたが、ここからさらに観察者のもつバイアスをできるだけ排除し、観察した事象を普段とは違った視点で捉え直す作業を行う。人は物事の捉え方に得意不得意があることは p.51、3–2–2 で述べたが、その捉え方を大きく5つの視点に分類し、それらの視点に沿って見直そうという取組みである。これを本書では5モデル分析とよんでいる。

　5つのモデルはそれぞれ ① フィジカルモデル、② カルチャーモデル、③ アーティファクトモデル、④ シークエンスモデル、⑤ フローモデルで、その内容は以下の通りである。

① フィジカルモデル（物理モデル）
　観察したフィールドの物理的な位置関係を記録し考察するモデル（**図 3.3**）。

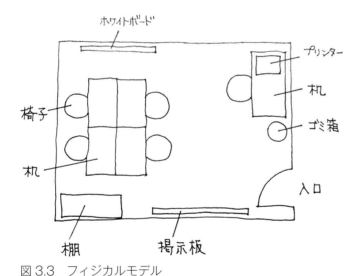

図 3.3　フィジカルモデル

② カルチャーモデル

人間関係に着目して、人々の行動に影響を与える関係性や感情、影響範囲を書き込む（**図 3.4**）。

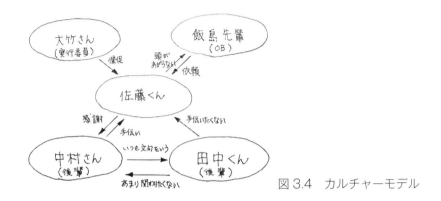

図3.4　カルチャーモデル

③ アーティファクトモデル

観察したフィールドに登場した人工物に着目して、その関係性や役割を記録する（**図 3.5**）。

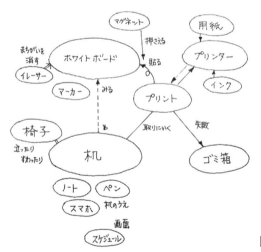

図3.5　アーティファクトモデル

④ シークエンスモデル

観察したフィールドで起こったことを時間軸に沿って並べる（**図 3.6**）。

第3章　フィールドワーク（現場を知る）

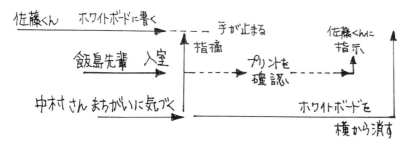

図3.6　シークエンスモデル

⑤ フローモデル

フィールドで観察したあらゆるモノやコトの関係性を全て挙げて記述する（**図3.7**）。

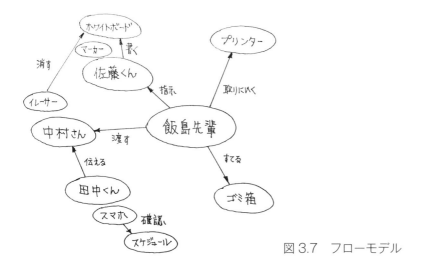

図3.7　フローモデル

3–2–5　フィールドワークのチェック

ここで、実施したフィールドワークから、この後のプロジェクト進行に有効な成果が得られているかどうかをチェックしておきたい。

フィールドワークを行えば必ず成果が得られるわけではなく、フィールドワークの質はその後の成果に大きく影響する。そこで、まずは以下の2点について確認しておきたい。

3-2 フィールドの調査方法

① 濃い記述ができているか

　観察した対象が 5W1H を含んだ文章で詳細に描写できているか、つまりできるだけ中身の濃い観察ができたかどうかが重要である。箇条書きで端折ってメモしただけでは観察者の得意不得意に左右された、偏った観察結果だけを扱うことになってしまう。第三者が、あたかもその場にいたように状況が把握できるよう、十分な文章を書ききることがまず第一歩である。

　5W1H を含んだ克明な記述ができている場合はそのまま次のステップに進んでよいが、もしできていない場合は、できていない箇所やできなかった原因を探して、再度フィールドワークの内容を見直したり、場合によってはフィールドワークをやり直すことも考えるべきだろう。

② 5 モデル分析ができたか

　濃い記述ができたら、観察した対象について 5 つの異なった視点からモデル分析ができているかどうかも確認してみよう。

　例えばほかのモデルに比べて内容の薄いモデルがある場合には、改めて濃い記述を見直し、記述内容が足りない場合は、その視点に基づいたフィールドワークをやり直すくらいの対応が必要である。もしかしたら、その薄くなってしまった事柄に大きなイノベーションの可能性が眠っているかもしれないからだ。

［柏樹　良］

第**4**章
解釈とメンタルモデルの抽出

4–1 推論による解釈

4–1–1 解釈

　フィールドワークを経て、経験の拡大による濃い記述や5モデル分析ができたら、次のステップはそれらの情報を解釈することである。ここで行う解釈とは、p.50でも触れた通り、対象者の行動やその理由について**自分なりに**考えて理解することである。

　例えば「喉が渇いた」という人が多くいたとする。人々の「喉の渇きを潤したい」という基本的なニーズに対し、「自動販売機でドリンクを買いたい」というウォンツ*から自動販売機をもっと多く設置したらよいと考えるかもしれないが、それはひとつの手段にすぎない。夏ならよいが、冬は需要が減るかもしれない。そこで少し視点を変えて、そもそも喉が渇く原因を考えてみる。もし暑い日にどうしても日に照らされる場所にいなくてはならない事情があるとすれば、日陰になる場所を設けたり、太陽の照り返しをやわらげる舗装材にするなど、喉が渇きにくい環境を作ることが、人々の**隠れ**

---

* ウォンツは、具体的な商品やサービス、アイデアに対する欲求や要求を指す。一方、ニーズは人間の生存や幸福のための基本的に必要なことを意味する。これらの用語は、分野によって異なる使われ方をすることがある。

4-1 推論による解釈

た**欲求**を満たし根本的な解決につながるかもしれない。

　イノベーションを起こすためには、最初からアンケートに頼って直接答えを求めるのではなく、人々の観察から得た根拠に基づいて自分なりの仮説を立て、本人でさえ気がつかない隠れた欲求を発見し、それに対する手段であるウォンツまで推論することが重要である（p.34、**図 2.6** 参照）。

　しかし、自分なりに考えるというと、せっかく注意深く観察結果をまとめても、やはりバイアスがかかってしまうのではないかと心配したり、間違った理解によって的外れな方向に進んでしまうのではないかと不安になるかもしれない。確かに解釈は誤謬性に満ちている。でも恐れないでほしい。これまでの観察によって濃い記述や5 モデル分析が十分にできているのであれば、その時点でこれまでの自分とは違った考え方ができるようになっているだろう。つまり、対象者になったつ・も・り・で思考することができ、対象者の行動やその理由をある程度の実感をもって捉えられるようになっているということだ。**経験の拡大**はこのために行うものである。

コラム　医者はアンケートを鵜呑みにしない

　患者は嘘をつく。多くの医療従事者がこのように考えているという。既往歴や生活習慣など、自分のことについて正しくない情報を伝えるそうだ。困らせてやろうと故意に嘘をつくというより、おそらく医者の前では少しでもよい格好をしたいというのが実情だろう。ついつい喫煙や飲酒量を少なめに伝えてしまう、あるいはデリケートな話なのであまり詳しく話したくない、察してほしい、という気持ちが働くからかもしれない。

　このことから医者はアンケートを鵜呑みにしない。アンケートに嘘が書かれるとすれば、それだけを根拠に治療するわけにはいかない。外来で正しい情報を引き出すために医者が患者と会話を重ねるのはそのためである。このとき、医者は表情の観察をするという。表情には、感情だけでなく、関心、理解、自信、真偽など多くのヒントが隠れているからだ。ただ、作り笑いがあるように実際の感情がどうであるかはなかなかわからない。認知心理学においても、人が表情をどう

読み取るかといった実験は行われているが、本人の本当の感情を知るのはなかなか難しい。だからこそ、患者との会話を通して、作られたものではない素の表情を引き出し、観察を通して推察することが重要なのだという(**図4.1**)。

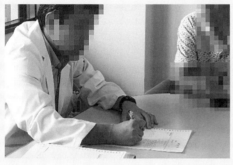

図4.1　インフォームドコンセント*の様子
〔国立がん研究センター東病院より〕

* 医師と患者において、治療や治験の内容についての十分な情報を得たうえで合意すること。

4-1-2　感情移入によって共感すること

　隠れた欲求を発見して解釈をするためには、まず対象者の行動やその理由を自分なりに理解する必要がある。これには自らの心情を重ね合わせて深く捉える**共感**が欠かせない。p.32でも触れたが、共感には、実体験を基に相手にシンクロして察するsympathyと、実体験の有無にかかわらず、想像の中で相手に歩み寄るempathyの2種類があった。

　シンパシー(sympathy)は、誰かをかわいそうだと思う感情や誰かが抱える問題を理解して気にかける状態のことを指す。つまり、相手の外的な状態からその人の立場や問題を判断し、自身の体験に重ねることによって、自然に抱くことができる共感といえるだろう。人間がごく自然に抱く感情だから、特に意識や努力をしなくてもできる。一方、エンパシー(empathy)は、他者の立場を想像することによって感情や経験を分かち合う共感を指す。例え自分とは違う考えや境遇にいる人であっても、相手の立場や状態、文脈をよく理

解し、想像することによって能動的に感じとる共感のことだ。こちらは自然にできる共感ではないため、相手に歩み寄って感情移入しなくてはならない。ベストセラーになった『ぼくはイエローでホワイトで、ちょっとブルー』（ブレイディみかこ著）の「5 誰かの靴を履いてみること」では、イギリスの公立学校教育で義務づけられた、助け合いのために自分とは違う相手が何を考えているのかを想像する力を身につけるための、シティズンシップ・エデュケーションが紹介され、このエンパシーについて触れられている[1]。

デザイン思考はもともとアメリカで生まれた。その中で必ず語られるエンパシーという共感は、イギリスやアメリカのように様々な人々が混在し共存しなければならない社会において、自然と育まれた必要不可欠なコミュニケーションスキルであることは想像に難くない。それに対して日本では「空気を読む」という言葉があるように、皆が同じであることを前提にしたシンパシーによって円満な社会を築いてきたためか、エンパシーの必要性が低かったのではないだろうか。しかし、今日の日本が抱える課題においても、自分とは違う立場や考えをもつ人々の存在が背景にあるものは少なくない。だからこそ、エンパシーを、デザインのみならず、今後あらゆる場面で意識する必要があるだろう。

エンパシーを高めるためには、ストーリー性を意識して思考することが有効だ。例えば、小説や映画は、読者や観客が主人公の喜怒哀楽にうまく感情移入できるよう、文脈を意識して因果関係が周到に設計されている。物語の冒頭では、場所、時間、登場人物の相関関係や性格など、これから始まるドラマの前提となる情報が提供される。作者はこれらの設定を決める際、リアリティをもたせるために入念なリサーチを行う。ときには実在の人物へインタビューを行って情報を得る。このことは p.47、3-2-1 の民俗誌調査にも重なる。このような文脈を支える設定が、読者や観客の実体験と結びつくことで、例えファンタジー作品であっても、物語に深く没入できるようになるのである。

また、エンパシーは体験を通じて高められることが多い。映画やドラマでは、キャラクターの視点を追体験するPOV（point of view）ショットやリアルな音の再現がその役割を果たし、4DXシアターのような最新の映画館ではシートが動いたり、風や香りまで出るなど、視覚や聴覚、触覚、嗅覚を通じて物語を体感させることで感情移入が促進される。だからデザインにおいても、体験できるものはできるだけ体験するべきである。実際に現場に行ったり、POVカメラを使ったり、車椅子で生活してみたり、妊婦を擬似体験するために7kgのジャケットを身につけたり、対象者の経験を自身の身体で感じとることが大切だ（**図4.2**）。もちろん、宇宙ステーションの生活を実際に体験することは困難だが、ファンタジー作品の主人公に感情移入できるように、情報や自身の経験を基に、不足は想像や工夫で補うことで、おおよそのことは感じ取れる。まさに「誰かの靴を履いてみること」[1]はそれを言い得ている。

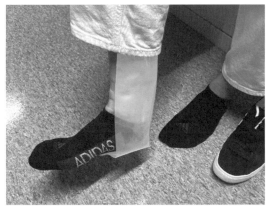 

図4.2　簡易のギプスで足首を固定し怪我をした人の生活を擬似体験する

　さて、エンパシーは、隠れた要求に気がつくために必要不可欠なスキルだが、自身が対象者と同一化してしまうと客観的な視点を失ってしまうことがあるため、あまり共感しすぎるのもよくない。
　19世紀末〜20世紀初頭にかけ、「無意識」の領域が人間の思考や行動に影響していることを唱えた心理学者の**ジークムント・フロイト**によれば、心理療法において、患者の理解や解釈だけではなく、

そこから共感することが重要であり、患者の模倣を通した同一化により共感を導くという。ところが責任感が強い人ほど、他者の言動や思考に強く共感し、それを我慢しすぎると共感疲労によって自身の心身も壊してしまうことがある。そのため精神科や心療内科で患者の治療を行うセラピストは、常に中立的な態度をとることが重要だといわれているが、デザイン思考における観察者もセラピストと立場がよく似ている。対象者への共感は、抱えている課題を理解する手掛かりになるが、そもそも対象者の思考に**バイアス**がかかっている可能性があるため、あまり深く共感しすぎると自分にも同様のバイアスがかかってしまい、その結果、隠れた欲求に気がつけなくなる危険がある。対象者への共感に支配されすぎると、問題意識もそれを解決する方法も狭めてしまうだろう。

4–1–3　アブダクション

　さて、解釈とは、対象者に共感したうえで隠れた欲求を発見しウォンツを**推論**することであった。デザイン思考における推論は、新しいものを生み出すためのものなので、**ある種の飛躍**が鍵になる。

　ここで少しだけ推論について触れておきたい。推論とは、既知の事柄を基にして、未知の事柄を予想し論じることである。何かを推論するときに、よく行われている方法が演繹法（deduction）と帰納法（induction）で、クリエイティブなひらめきが出やすいといわれているのが**アブダクション**（abduction）である。

　演繹法は、すでに確立された原理・原則に基づいて事象を分析し結論を導く方法である（**図4.3**）。例えば、数学の公式を用いて問題を解く、大前提と小前提から結論を導く三段論法、データを既存の分類方法で整理することが含まれる。図書館で新しい本をどの棚に収めるか決めるのもこのトップダウン的な演繹法によるものだ。

　帰納法は、個別の事象や事例から共通点やパターンを見つけ出し、一般的な法則・結論を導く方法である（**図4.4**）。例えば、アンケート調査で多数の意見を集めて一般的な傾向を導き出すことや、生物

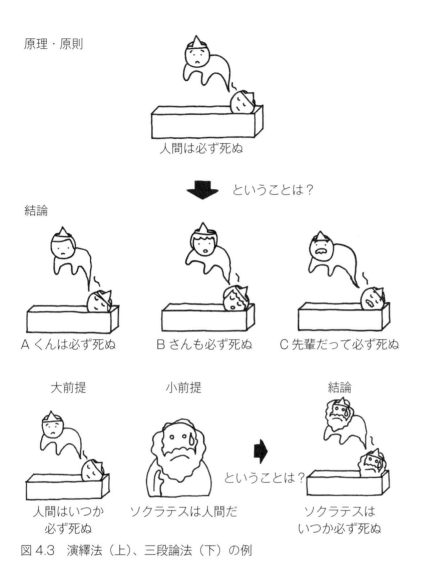

図 4.3 演繹法（上）、三段論法（下）の例

の分類など構造が同じものを同類と類推するなどがある。個別の情報から一般的な法則を見つけ出すボトムアップ的な考え方である。

　演繹法・帰納法のどちらも論理的思考であり、自然科学の分野でよく使われる推論法だが、科学的探究で仮説を立てるときやイノベーションの推論過程においては、論理的に説明しきれない新たな発想が必要なことが多い。新規性のある研究やデザインは、まだ存在しない対象を想定して行われるのであり、そもそも根拠となる確

4-1 推論による解釈

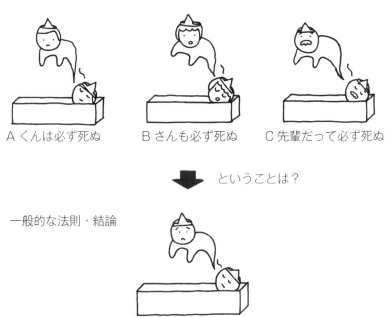

図 4.4　帰納法の例

固たるデータがないからだ。そこで、アブダクションという概念が登場する。

アブダクションは、観察された事象から導き出された直接観察されていない何かについて、最も効果的と考えられる説明や仮説を導く方法である。直接観察されていない何かとは、人々の隠れた欲求にほかならない。アブダクションの特徴は、帰納法のように似たものを集めて一般的な法則を導くのではなく、異質なものの組合せや直接観察できないものについて仮説を立てる点にあり、ここに意外性やクリエイティブなひらめきなど飛躍の秘密がある。アブダクションは一般的に「仮説形成」や「仮説推論」といわれるが、一方で「誘拐」や「ひったくり」といった意味もある。これはひらめきを引き出すと考えるとわかりやすい。発想法といってもいいだろう。p.110、6-2-2 で紹介する **KJ法** もアブダクションの代表的なメソッドである。

インダストリアルデザイナーでありデザイン教育者である向井周

第4章　解釈とメンタルモデルの抽出

太郎は、著書『デザイン学―思索のコンステレーション』の中で、アメリカの哲学者チャールズ・パースによって、演繹法と帰納法という二分法に先立つ、第一の方法としてアブダクションを加えた三分法が提唱されたと紹介している[2]。哲学の中でもより直観的かつ実践的な行為としてのプラグマティズム哲学、そして記号論を唱えたパースによれば、アブダクションとは conceive（宿す、考え出す、思いつく、想像する）* であるという。それまで認識されていなかった何かに形を与えるデザインはまさに想像することであり、アブダクションによるものにほかならない。また、向井は、パースの提唱するアブダクションの根底には、自然との本質的な調和の感覚があるという。自然と調和する感覚は、頭を使って認識するというより、五感によって自然に生まれる感覚であり、身の回りの情報を判断するために、生命に備わった力である。つまり、ある種の飛躍を可能にするアブダクションは、論理的に思考する演繹法や帰納法とは異なり、より原始的な直観を通して推論する発想法といえる。この直観は、私たちが生活する中で得ていく経験や知識から生まれ、日常的な判断において誰もが頼っている身近なものである。経験や知識を納めたタンスからあれやこれやと引き出すイメージが近いかもしれない（**図 4.5**）。

I believe in intuitions and inspirations⋯ I sometimes feel that I am right. I do not know that I am.
私は直観やインスピレーションを信じている・・・　私は、時々、自分が正しいと感じる。でも自分が正しいかはわからない。

---

* 1. 他〈考え・計画・感情などを〉心にいだく；宿す、考え出す、思いつく、想像する（perceive はすでに存在しているものに「気づく」こと、conceive はまったく新しいことを「心の中に作り出す」こと）
  1a. 自 A（状況など）を想像する、心に描く、思う、思いつく；A を（…と）見なす
  他：他動詞、自：自動詞
  〔瀬戸賢一、投野由紀夫ほか（編）：プログレッシブ英和中辞典 第 5 版 Web 版、小学館（2012）
  https://dictionary.goo.ne.jp/ej/ より〕

図 4.5　デザイン思考のタンス

　これは常識にとらわれず様々な発見をしたアルベルト・アインシュタインのよく知られた言葉だが、ここでは自分の内からくるものとして intuition という言葉を使っている。それに対して、inspiration は外からもたらされるものである。intuition は「直感」とも訳されるがここでは「直観」の方がふさわしいだろう。

　アブダクションは単なる思いつきではなく、共感や、豊かな経験や知識とそれらの深い洞察に基づく。だからこそ、導き出された説明や推論が適当かどうか、実験や追加データ収集によってテスト・評価する必要があることも忘れないでほしい（p.137、7-4 参照）。デザイン思考においてアブダクションは、新たな発想が必要になるときの指針となるだろう。

4-2 メンタルモデルの発見

4-2-1　メンタルモデル

　さて、解釈をするには、人の認知の仕組みについても理解しておかなければならない。モノやサービスを利用する人の思考を理解することで、行動の要因や隠れた欲求がずっと見つけやすくなるからだ。そこで、ここでは人の行動の要因となる**メンタルモデル**について解説する。

たった一人の仮想ユーザーを想定して、そのユーザーに向けたデザインを行うというペルソナ法[3] を提唱したインタラクションデザイナーのアラン・クーパーは、メンタルモデルについて次のように語っている[3,4]。

観客からすれば、映画に夢中になると、光の点滅やスプロケットのことなど忘れてしまう。というより、多くの観客は、映写機の仕組みだとか、それがテレビの仕組みとどのように違うかといったことなどまず知らない。観客は、単純に大画面に動く写真が映し出されているだけだというイメージをもっている。

メンタルモデルは人々が頭の中で思い描くイメージである。人々にとって映画館のスクリーンやテレビに流れる映像は、画面の中で動く写真であり、メンタルモデルとしては同じものである。そのため、映画とテレビは客を奪い合ってきた。多くの人は話題の映画やドラマを楽しむことができればよく、どこでどう見るかはそれほど問題ではないからだ。もちろん映画館は特別な体験を提供し続けている限り、おそらくなくなることはない。しかし、画質がよければ手軽な方法を選ぶのは自然ではないだろうか。メンタルモデルに着目すれば、映像を、映画館やテレビではなく、スマートフォンやコンピューターで視聴する人が増えている理由が理解できる（**図 4.6**）。

図 4.6　映画館、テレビ、スマートフォンに共通する映像のメンタルモデル

インターフェイスデザインという分野に興味がある人は、このメンタルモデルという言葉によく出合うだろう。この用語はダイアル

4-2 メンタルモデルの発見

やボタン、レバーなど、人間と機械が触れ合う面としての**インターフェイス**を設計する人間工学において頻繁に用いられるようになった。最近は、スマートフォンをはじめタッチスクリーンの券売機、ゲーム、VRなど、より複雑でダイナミックなやりとりを実現する制御装置が増えている。このような高度に複雑化した処理を可能にする制御装置の開発に携わるデザイナーやエンジニアには、より直感的に使えてより親しみのもてる感性的なインターフェイスをデザインすることが望まれるようになった。そこで人の行動の要因となるメンタルモデルを理解し、デザインにうまく取り入れることが重要になったのだ。

人は自分が経験したことのない状況において、メンタルモデルから立てた「こうすればこうなるはずだ」という予測に基づいて行動する。初めてコンピューターを触る人がファイルをゴミ箱に入れて消去する操作をすぐに覚えられるのは、「ゴミを捨てる」というメンタルモデルと「ファイル消去」の操作をゴミ箱というメタファー（隠喩）を利用してうまく紐づけているGUI（グラフィカル・ユーザー・インターフェイス）のおかげだ（**図4.7**）。このように私たちがすでに頭の中にもっているメンタルモデルを未知の対象とマッピング（写像）できれば、直感的でわかりやすく、親しみやすいインターフェイスとなりスムーズな操作が可能になる。

図4.7　GUIによるゴミ箱のメンタルモデルとファイル消去のマッピング（写像）

スマートフォンも、ユーザーのメンタルモデルに基づいて操作性や使いやすさが追求されている。例えば、アプリケーションのアイコンを間違えてタップした際、ユーザーは指をすぐに離さず迷うこ

第 4 章　解釈とメンタルモデルの抽出

とがある。そこで、単に「戻るボタン」を追加するのではなく、ユーザーの指の状態の観察から、アプリケーションを起動せずに中断できるデザインが採用された。これにより、「迷っている」というメンタルモデルに合った直感的な操作体験が実現された（**図 4.8**）。

図 4.8　直感的な操作体験を実現するインターフェイスデザイン

EC サイトでは、ユーザーが商品を探したり購入手続きをする際に、直感的で使いやすいインターフェイスが重要になる。ここでもメンタルモデルに基づいたカテゴリーの配置や検索機能の設計が、ユーザーの使いやすさを向上させている。例えば、「通学カバン」と検索する人には、タウンリュックやショルダーバッグのカテゴリーが表示されると選びやすい（**図 4.9**）。さらに価格帯や色による絞り込みも役立つ。これらの機能は商品を探す人のメンタルモデルに基づいた結果だ。

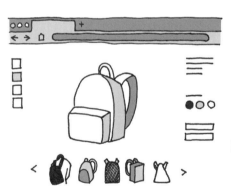

図 4.9　メンタルモデルを考慮した親しみやすいインターフェイスデザイン

このようにメンタルモデルとは、モノがどのように機能するのか、出来事がどのように起こるのか、人がどのように振る舞うのかについての概念であり、物事を理解し、予測し、対処するための枠組みである。もっと噛み砕いて言えば、あるモノやコトを理解するため

に「これはこういうものだ、云々・・・」と頭の中に思い描くイメージのことである。私たちは壁のスイッチを押せば電気がつくというメンタルモデルをもっているから、初めて入る部屋でも、最初に壁のスイッチを探すのだ（**図 4.10**）。

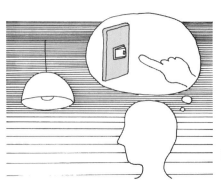

図 4.10　壁のスイッチを押せば電気がつくというメンタルモデル

4–2–2　既知のメンタルモデルと新規のメンタルモデル

　人々はメンタルモデルをどのように身につけるのだろう。日常の道具から巨大装置まで、ミスを起こさないために人間中心設計のアプローチでデザインすることを提唱した認知心理学者のドナルド・ノーマンは、著書『誰のためのデザイン？―認知科学者のデザイン原論』の中でメンタルモデルを次のように説明している[5]。

自分自身や他者や環境、そしてその人が関わりをもつものなどに対して人がもつモデルのことです。人はこのメンタルモデルを経験や訓練、教示などを通して身につけるようになります。

　ノーマンがいうように、メンタルモデルは、人が成長する過程において、この世界に適応するために、様々な経験や学習を通して身につけるものであり、その人を取り巻く環境や社会的背景によって形成されるものである。
　私たちがすでに頭の中にもっているメンタルモデルを**既知のメンタルモデル**と呼ぶことにする。既知のメンタルモデルは個々の行動

第 4 章 解釈とメンタルモデルの抽出

の要因になるが、個人的な経験や学習によるところも大きいため、必ずしも広く共有されているものとは限らない。地域や個々で微妙な差があるものだ。だから、公共性の高いものや、安全性や環境負荷を考慮したデザインをする場合に、特定の人のメンタルモデルに合わせるのはふさわしくないだろう。様々な人ができるだけ共有できるメンタルモデルの形成を目指すべきだ。個別の観察調査や 5 モデル分析などから特定のメンタルモデルを発見しても、その後の解釈の段階で、ほかの多くの人たちにとっても有効かを注意深く判断することが大切である。

　また私たちは過去の成功体験に支配されているため、一度メンタルモデルができると、いつも限定的で同じ行動をとる。だからこそ日常生活を安定して送れるのだが、それが必ずしも最適であるとは限らない。ひとたび問題が発生し、行動に戸惑うようなことになれば、既知のメンタルモデルではうまく対処できない。このような場合は、より最適な**新規のメンタルモデル**を提供すればよいのである。そのため、デザイナーはまず人々がもつ既知のメンタルモデルを理解し、仮説を立て、QOL（quality of life）を高めるよりよいモノやサービスをデザインするために新規のメンタルモデルを作る（**図

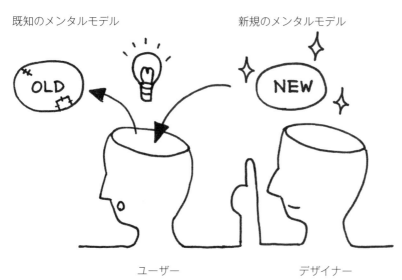

図 4.11　既知のメンタルモデル（左）と新規のメンタルモデル（右）

4.11)。

　これまでなかったモノやサービスを提供する場合、ユーザーは慣れるまで戸惑うことも多いだろう。そのため、親しみやすくしたり、手掛かりとなるヒントを出したり、使っていて楽しくなるような要素を組み込むことも大切だ。

4-3 隠れた欲求の発掘

4-3-1　顕在的欲求と潜在的欲求

　解決するべき問題の多くは、ある特定の目的をもった人々が抱えている場合がほとんどである。そのため、対象となる人々がどんな目的で何を必要としているのか理解する必要がある。人々のこうした欲求には、すでに何が必要であるかわかっている**顕在的欲求**と、そもそも何が必要なのか本人でさえ気がついていない**潜在的欲求**の2種類がある。

　顕在的欲求は、本人が意識的に欲しているものであり、言語化できるものである。そのため、この欲求に対するモノやサービスはすでに市場に存在していることが多く、新規性のある解決策は出にくい。人々は、過去の経験や慣習から、これが必要だとかこうしなければならないと思い込んでいることがある。それを既知のメンタルモデルといったが、本当にそのモデルが現在向き合っている問題の対処に最適なのかについてはよく見極める必要がある。

　一方の**潜在的欲求**は、本人でさえ気がついていない隠れた欲求であり、言語化されず、主に感情や行動に現れるものである。そのため、この欲求に対するモノやサービスは、未だ市場に存在していない場合が多く、イノベーションの種になる可能性がある。

　潜在的欲求は、言語化されていないので、アンケートやインタビューから導き出すことはおそらく困難である。誰でも自分をよく見せたいし、好かれたいと思っているので、質問されたら自分の行動に理想や社会的な望ましさを重ねて答えてしまうだろう。特に「何

第4章　解釈とメンタルモデルの抽出

が欲しい？」「何が好き？」といった主観的な感情について質問しても、少し背伸びした回答をしたり、あるいは遠慮がちになって、もう満たされているから欲しいものはないと考えてしまうかもしれない。ましてやここでフォーカスグループ・インタビュー* を行ってしまうと、ほかの参加者に同調した答えしか出てこず、個人の潜在的欲求のヒントはまず得られないだろう。アンケートやインタビューは、潜在的欲求より、顕在的欲求を調査するのに向いている。つまり、多くの人々は「こう考えている」という現状認識の確認には役立つが、それがいつも最適な答えとはいえない。

4-3-2　心の動きを観察する

　人の潜在的欲求を見つけるのは難しいと思うかもしれないが、人々をよく観察すればきっと見つけられるはずである。特に、無意識に出てきたと思われる行動や言動、素の表情から読み取れる感情を見逃してはならない。それらには潜在的欲求に関する多くのヒントが隠されているからだ。人は無意識に楽な方や自分に都合のよい方を選択するので、じっくり観察していれば必ずそれらは行動や表情となって現れる。そのサインを察知して、どうしてそのような行動をとったのか、そのような表情をしたのか、想像力を働かせて考えてみよう。

　人の行動には何らかの感情が紐づいている。だから、対象者がいつどこで何をして戸惑っていたのか、苦労していたのか、どうしたら気持ちが変化したのかなど、時間とともに変化する心の動きを観察することで、ヒントのあたりをつけることができる。特にネガティブな感情の観察は解決する必要がある課題を見つけるチャンスだ。こういうことをしたいのに、この製品、仕組み、環境ではうまくできないという不便さだったり、頑張ればできるがとても大変だとい

---

* 主に市場調査や製品開発において、特定のテーマについての意見や感情を深く掘り下げるために行うグループインタビューの方法。参加者の意見に刺激されて活発な議論が生まれる一方で、意見に流されてしまうリスクもある。

4-3 隠れた欲求の発掘

う状況だったり、スムーズにできるがこの製品は使っていても心地よくないとか、もっていることが嬉しくないとか、こういうときの心の動きを行動や表情から察知することで、対象者の思考を理解するとともに潜在的欲求が発掘できる。

コラム　既存の考えを疑ってみる姿勢をもつこと

　Netflix はもともと郵送による DVD のレンタル・販売事業を展開する会社だったが、事業が低迷する中、顧客が求めているものは DVD のソフトではなく映画そのもの、つまりコンテンツだということに気がつき定額制の映像配信サービスをいち早く事業化した[6]。当時はまだサブスクリプションや映像配信技術といった**新規のメンタルモデル**を人々がよく理解できておらず、ケースに入った DVD ソフトを取り出してプレイヤーで再生するという、物理的な物や行為という**既知のメンタルモデル**への信頼感や安心感が強かった。このような状況で顧客にサービス改善のアンケートやインタビューをしても、料金別にレンタル期間が選べるとか、いつでもポスト返却できるとか、相変わらず店舗でソフトを借りることを前提にした顕在的欲求しか出てこなかっただろう。Netflix が人々の潜在的欲求に気がついたことは大きい。この有名な話にはもう少し重要な点がある。当時のレンタルビデオ店は、新しいコンテンツを紹介する街の文化施設としての役割ももっていた。資本力のある競合他社は、店に行けば何かあると期待させる文化施設としての店舗が必要不可欠だと考え、店舗を増やしソフトの在庫を充実させようとした。しかし、Netflix は早い段階で店舗を捨て、その役割を代替するものとして、Web サイト上に作品評価に基づくパーソナライズされたレコメンド機能を充実させた。顧客の求めるものを別の形式に移し替えることで他社との競争から抜け出し、もっと大きなものを手にすることができたのだ。

　人々が本当に求めているものは何か、それを提供するにはもしかしたら別の方法があるかもしれないと既存の考えを疑ってみる姿勢をもつことが大切だ。アンケートを過信したり、インタビューに頼りすぎると、本人も気がついていないような本当の関心事や潜在的欲求を発掘するのは難しいだろう。

4–3–3　メンタルモデルの発見や潜在的欲求を発掘するためのメソッド

　さて、メンタルモデルの発見や潜在的欲求を発掘するための助けになる具体的なメソッドを紹介しておこう。いくつかのメソッドがあるが、ここで紹介するものはあくまで一般的なガイドになるものである。ただし、メソッドは万能ではない、というより万能なものはあり得ないので、ひとつに頼るのではなく複数のメソッドやツールを併用したり、あるいは応用したり、場合によっては別のアプローチが必要になることも忘れないでほしい。まず、各メソッドで行う**観察**をより意義のある作業にするため、下記　①〜④　を心得ておこう。

① 観察はチーム全員で行う

　　自分が常に対象者の発しているサイン（行動・表情など）に気がつくとは限らない。また、調査会社の分析結果に頼ってばかりでは、独自の解釈がしづらく、よい発想につながらない。

② 自分の常識や経験で判断しない

　　確証バイアス（p.52、3–2–2 参照）に気をつけよう。人は都合のよい解釈をしてしまう。自分の常識や経験で判断せず、対象者の視点に立って共感したうえで判断するように心がけよう。

③ よくわからない行動やしぐさを見逃さない

　　答えは起こったことの中にしかない。正しいのは自分ではなく、対象者の行動や感情である。それらには必ず理由があることを前提に観察しよう。

④ 行動と感情を連動させて観察する

　　対象者の行動や言動、しぐさは、何かしらの感情と紐づいている。心の動きから生まれるこれらのサインは嘘をつかない。そこには潜在的欲求が隠されている可能性がある。

4-3 隠れた欲求の発掘

(1) 共感マップ（empathy map）

特定の対象者や顧客の理解のために、行動観察を通して、言葉（say）と動作（do）を抽出し、その言葉を発したときの思考（think）や、その動作をしたときの感情（feel）を推論として記述する方法。

1) 準備

- 観察の際、可能であれば対象者の同意を得たうえで一連の様子をビデオに記録しておこう。複数のアングルから録画しておくとよい。ただし、カメラの存在を過度に意識させてしまう場合は、ビデオではなく、その場でメモをとるようにする。
- 赤、青、黄色の3色の付箋紙を用意し、ポジティブは赤、ネガティブは青、どちらかわからない場合は黄色を使う。

2) 共感マップの進め方

準備する道具、材料はp.23、1-4-3参照。

① 4枚の紙をテープでつなぎ（あるいは大きめの紙を4つに分割し）、左上をSay、左下をDo、右上をThink、右下をFeelの領域に分ける（**図4.12**）。

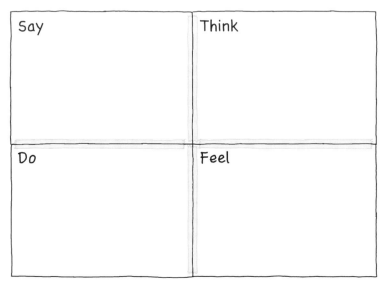

図4.12

② 観察の結果、Say には言ったこと、Do にはしたことをメモした付箋紙を貼っていく（**図 4.13**）。

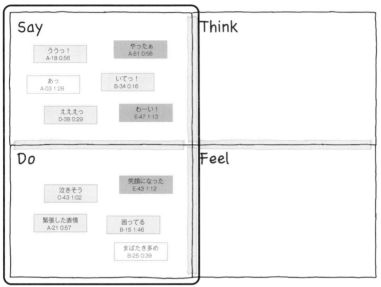

図 4.13

Say や Do の下には、誰が書いたか（A、B、C …）、どの記録ビデオか（番号）、ビデオの何分何秒の箇所か（タイムコード）をメモしておく。ここでは、濃いグレーが赤、薄いグレーが青、白が黄色とする。

③ Think には、Say に対応するように、その言葉を発したときどんなことを考えていたのか、Feel には、Do に対応するように、

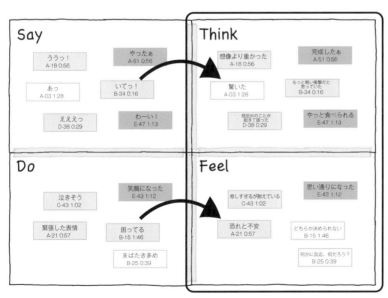

図 4.14

その動作をしたときどんな感情だったのかを、対象者になった
つもりで付箋紙にメモして貼っていく（**図4.14**）。

④ 全体を見て、マップの中に特に気になるものがあればそこに潜
在的欲求が存在する可能性がある。

3）注意点

　推論に基づくため観察者のバイアスが入りやすい。インタビュー
に基づいて行うと、対象者が本心を隠したり、記憶があいまいだっ
たりするため、そもそもデータの信憑性がなくなってしまう。あく
までも観察に基づいて行う。対象者の行動の時系列や因果関係につ
いては次に述べるカスタマージャーニーマップの方がより細かく記
述できる。

(2) カスタマージャーニーマップ

　特定の対象者や顧客が、製品やサービスを利用する際のスタート
からゴールまでの全体的な体験を旅に見立てて時系列に可視化する
方法。顧客体験（customer experience：CX)* の改善に広く使われ
ている。

　カスタマージャーニーマップは主に2つの活用方法がある。

　1つ目は、先に挙げた共感マップの発展型として、メンタルモデ
ルや潜在的欲求を発見するために、実際の観察対象者の行動を時系
列に記録していく観察メソッドとしての活用である。

　2つ目は、ペルソナ（p.84、4-3-4参照）の行動や感情などを記
述した、新たな製品やサービスがもたらす体験のシミュレーション
としての活用である。これは、設定したゴールに対して、ユーザー
がどのようなステップを経て向かっていくかという時系列を可視化
したもので、ユーザーシナリオともいう。

---

* 顧客が企業やブランドと接触する際に得る総合的な体験や印象のこと。製品やサービスに触
　れる各段階（認知、購入、使用、サポート、そして再購入まで）の全てのプロセスが対象と
　なる。

1）準備
- 観察メソッドとしての活用のためか、あるいは、新たな体験のシミュレーションをするためか、カスタマージャーニーマップを作る目的を明確にする。
- 目的に合わせて、実際の対象者を観察するのか、ペルソナを作って推論するのか決める。
- 赤、青、黄色の3色の付箋紙を用意し、ポジティブは赤、ネガティブは青、どちらかわからない場合は黄色を使う。

2）カスタマージャーニーマップの進め方
　準備する道具、材料は p.23、1–4–3 参照。
① ステップの観察・整理（**図 4.15**）

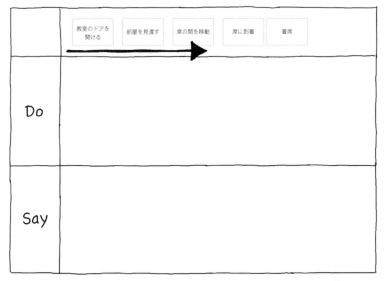

図 4.15　足を怪我した学生が教室で着席するまでのステップを整理して並べた

　　対象者あるいはペルソナがどのようなステップを踏んで製品やサービスを利用するのか、まずは順を追って観察・整理する。各段階を付箋紙に書いて貼っておこう。もし、もっと細かく段階を分けたくなったら、後から追加すればよい。
② 観察結果や推測されることを各ステップの下に項目ごとに貼っ

4-3 隠れた欲求の発掘

ていく（**図 4.16**）

ここで対象者がどのような動作をし、言葉を発し、感情を抱き、どのような意思決定を行うかを時系列で把握する。

図 4.16 には、行動の項目である Do・Say しか記載していないが、ほかにも**表 4.1** の項目を必要に応じて加える。

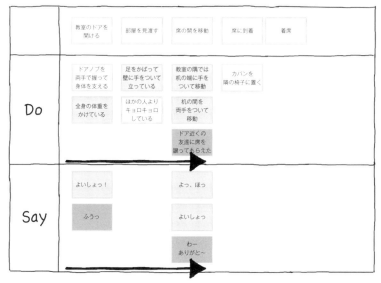

図 4.16　各ステップに合わせて項目ごとに付箋紙を貼っていく

表 4.1　カスタマージャーニーマップに書き込む項目の例

行動	動作（do）・言葉（say）
感情	考え（think）・気持ち（feel）
五感	見ている（see）・聞いている（hear）・味わっている（taste）など
環境	製品との接点（touchpoint）など
ニーズ	不満などのマイナス要素（pain）・あると嬉しいなどのプラス要素（gain）

③ 全体を見て、マップの中に特に気になるものや変化があればそこに潜在的欲求や体験改善のヒントが存在する可能性がある（**図 4.17**）。

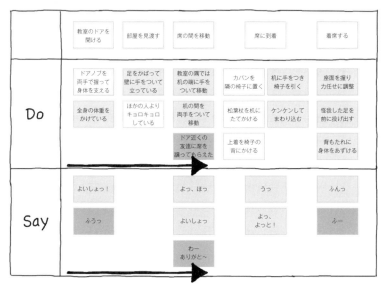

図 4.17　付箋紙は感情別に色分けしておくとポイントが見つけやすい

④ 改善の機会の発見

　カスタマージャーニーマップを通じて、顧客体験全体を見渡し、改善のための機会や課題を特定する。

　この例では、「ケンケンしてまわり込む」「座面を握り力任せに調整」という観察結果から、キャスター付きの椅子が必要であることが推察できる。ほかにも、ドア近くの友達に席を譲ってもらったことから、ドア付近の座席は怪我人や車椅子の優先席にする施策が考えられる。このように体験全体を見渡すことで、視野狭窄に陥ることを防ぐことができる。また、観察の時間範囲を広げることでより対象者への理解が深まる。企業や組織はこのツールを通じて、より効果的にサービスの改善を行っている。

3）注意点

　対象者の行動は複雑で、観察範囲を広げるほど、全ての要素をプロットするのは難しく、また感情の変化を正確に反映するのは容易ではない。共感マップと同じく、推論に基づく場合は観察者のバイアスが入りやすい。

4–3–4　ペルソナ

　ペルソナは、現実の対象者、あるいは、具体的に描いた架空のキャラクターのことで、もともとは演劇における「登場人物」や「仮面」を指す。心理学者のカール・ユングは、分析心理学において、ペルソナを人間の心の内的側面（アニマ・アニムス*）に対する外的側面と位置づけた**。つまり、人が社会で円滑に活動するためには、社会的に望まれる行動をとらなければならず、そのために仮面としてのペルソナが必要であることを示した。

　このペルソナをデザイン分野に取り入れたのが、インタラクションデザイナーのアラン・クーパーだ。彼は仮想ユーザーであるペルソナを想定して「たった一人のためにデザインすること」を提唱した[3]。なぜなら、デザイナーは自分の思いつきやアイデアに頼って、しばしば製品を使う人のことを深く考慮せず開発を進めてしまうからだ。ペルソナを作ることで対象者が具体的になり、問題が発見しやすく、細かな部分まで考慮したデザインができるようになる。

　それなら実際のユーザーを見つけて、その人を目標にデザインする方が簡単ではないかと考えるかもしれない。しかし、これはかえってうまくいかない。その人が必ずしもユーザーの代表としてふさわしいとは限らないからだ。また、長期間にわたってその人で検証し続けることも現実的ではない。事前の調査で、一人ではなく複数の対象者を観察し、その人たちに共通するメンタルモデル、潜在的欲求、問題を発見することがデザインのきっかけになる。複数の対象者の共通点から仮想ユーザーである「たった一人のペルソナ」を作り検証する方が効率的である。

　ペルソナは、市場において正規分布で一番厚い層にいる典型的なユーザー像と考えられていることが多い。これを典型ユーザー、メインストリームユーザー、プライマリーユーザーなどと呼ぶ。企業

---

* アニマ（anima）は、男性の中の女性像のこと。アニムス（animus）は、女性の中の男性像のこと。つまり、男性における女らしさ、女性における男らしさのこと。

** ここでは男らしいとか女らしいという仮面のことを指す。

にとっては一番数の多い人々に対して製品やサービスを提供する方が利益が大きくなると考えるのは当然のことのように思える。しかし、実際はこのような典型的なユーザーを目標にデザインしても、イノベーションを起こすのは難しい。典型的なユーザー像は、平均的でぼんやりとしたイメージになってしまうことが多い。むしろデザイン思考では、特異な条件やニーズをもつエクストリームユーザー（特殊ユーザー）や間接的に製品やサービスの使用に関わるセカンダリーユーザーを想定する方がイノベーションを起こしやすい。特に、エクストリームユーザーは、ルールや慣習に縛られることなく自由に振る舞うことが多いので、典型的なユーザーでは、見落としがちな問題や要求を明らかにしたり、新しい機能や設計のアイデアを生み出すきっかけになることが多い。

　ペルソナを想定する際には、ペルソナシートを作って、チームのメンバーと人物像を共有できるとよいだろう。シートには、氏名、顔写真（イラスト）、年齢、職業、収入、家族構成、居住地（住所）、出身地、趣味など基本情報のほか、その人の特徴を表すストーリー、将来どうなりたいのかというゴール、また、休日の過ごし方、悩み、

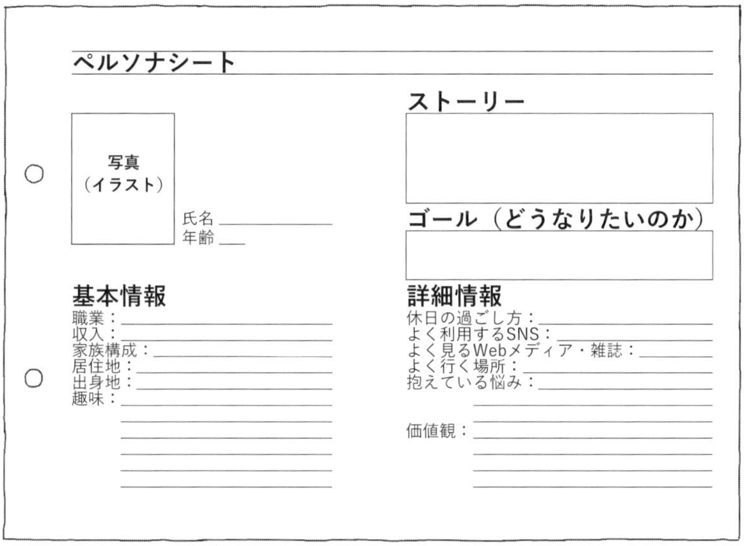

図 4.18　ペルソナシートの例

価値観などの詳細情報をそれぞれ具体的に書き込む。実際に存在しそうな人を想定した方が、具体的な行動や感情をイメージしやすい（**図 4.18**）。

この章で紹介した思考方法やメソッドの多くは、人間中心設計から生み出されたメソッドで、あくまでデザインの目標となる対象者個人の内面探索にフォーカスしたものである。近年の複雑な属性をもつ人々のコミュニティや環境問題など、包括的に取り組まなければいけない課題にまで頼れる万能なものではない。ここに人間中心設計の限界があることも忘れてはならない。みなさんには、これらのメソッドを参考にしつつ改良を重ね、様々な課題に対応するべく、デザイン思考をより発展させていってほしい。

ここまでで、対象者の行動やその理由について自分なりに解釈できていれば、あとは解決する必要がある課題とそれが解決された状態の定義をすればゴール設定は完了だ。
ここでのゴール設定は、課題が解決された状態であって、具体的なアイデアではないので注意しよう。アイデア出しはこの後の作業になる。
さあ、今の自分の解釈を信じてイノベーションを生み出していこう。

［中野希大］

参考文献

1）ブレイディみかこ：ぼくはイエローでホワイトで、ちょっとブルー、新潮社
（2019）

2）向井周太郎：デザイン学―思索のコンステレーション、武蔵野美術大学出版
局（2009）

3）アラン・クーパー（著）、山形浩生（訳）：コンピュータは、むずかしすぎて
使えない！、翔泳社（2000）

4）アラン・クーパー、ロバート・レイマン、デビッド・クローニン（著）、長
尾高弘（訳）：About Face 3―インタラクションデザインの極意、アスキー・
メディアワークス（2008）

5）ドナルド・ノーマン（著）、岡本　明、安村通晃、伊賀聡一郎、野島久雄（訳）：
誰のためのデザイン？ 増補・改訂版―認知科学者のデザイン原論、新曜社
（2015）

6）リード・ヘイスティングス、エリン・メイヤー（著）、土方奈美（訳）：NO
RULES（ノー・ルールズ）―世界一「自由」な会社、NETFLIX、日本経済
新聞出版（2020）

第**5**章
コンセプト構築

5–1 コンセプトの重要性

コンセプトという言葉は今まで幾度となく聞いてきただろうし、すでに日常的に使っている言葉かもしれない。また、デザインではコンセプトが重要であると教わったことがある人もいるかもしれない。そこで改めて、なぜデザインにコンセプトが重要なのかを考えてみたい。

コンセプトとは単に「概念」と訳すこともできるが、ここでは**全体を貫く基本的な考え方**と捉えておきたい。

プロジェクトを進めていくと、常に色々なことを思いつくが、新しい思いつきに影響されて、そもそもの目的が何だったのか、何を目指していたのか、ゴールを見失うことがある。そこで**全体を貫く基本的な考え方**を決めておけば、ゴールを見失って迷走することを避けることができるだろう。

また、単にモノがよいだけでは到底売れない時代になってきている。人々は製品の見た目のよさや値ごろ感だけではなかなか買って

89

くれない。その製品の開発された背景や、その企業の掲げている理念などの様々なフィルターを通して、売り手が共感できる相手かどうかを確かめることも、消費行動における重要な条件になってきている。また、消費者に限らず、出資者や協力者なども含め、そのプロジェクトの全ての利害関係者、すなわちステークホルダーにファンになってもらって、多大な協力を仰ぐ必要も出てきている。資金に限らず、技術、知財、人材や情報など、プロジェクトに必要な資源は多岐にわたる。それらの資源を集めるためには、組織の内外によらず、多方面の人々に協力を仰ぐ必要があり、ここでも全体を貫く基本的な考え方、すなわちコンセプトが大きな役割を果たすと考えられる。

プロジェクトをうまく遂行していくためには、自分たちに限らず、消費者やステークホルダーに対しても、そのプロジェクトの背景や事業体が目指すもの、またその事業者が一体何者で、なぜこの製品が生まれてきたのか、といった一連の物語をわかりやすく共有する必要がある。

この一連の物語を**コンセプト**と呼ぶ。その製品が開発された背景やプロジェクト全体を貫く基本的な考え方などを人々に伝わりやすく表現するのである。それは「コンセプトビデオ」などといって映像の場合もあるし、「コンセプトビジュアル」といって画像の場合もあるが、多くの場合、なんらかの文章に明文化される。この内容には一貫性が求められる。首尾一貫してブレがないことがコンセプトの信頼性や説得力に直結する。

5–2 コンセプトの構造とアイデアの関係

全体を通してブレない一貫したコンセプトが信頼性や説得力に重要だということは理解してもらえたと思うが、さらにそのコンセプ

トが理解しやすく共感しやすいものであることも必要である。そのためには、人々に伝わりやすくするための3つの要素が含まれていることが重要である。

1つ目は、そもそもどんな世界、どんな社会や環境の実現を目指しているのかといった、このプロジェクトのもつ**哲学**。2つ目は、そのためにどんな製品を開発したいと思っているのかといった開発の**ビジョン**。そして、その製品の実現にどんな工夫や特徴をもって挑戦したのかといった**アイデア**。これらの3つの要素が一体となって明文化されたとき、コンセプトは明快で伝わりやすい姿となる（**図5.1**）。

図5.1　課題に対するコンセプト構造

一般的なマーケティングの解説書では、ここでいうビジョン、つまりこれからどんな製品を開発したいと思っているのかをコンセプトと呼んでいることが多い。また哲学やビジョンというと企業や組織がもっている考え方、企業理念のことを指すとも捉えられる。しかし、ここでいう哲学はもちろん企業が掲げる理念と関連してはいるが、むしろ**個々の**プロジェクトが目指す先にある社会や環境の姿のことであり、ビジョンとはこの**個々の**プロジェクトが実現した先の状態のことを指している。逆にいうと、コンセプトは、こんなアイデアを使って、こんなことを実現します。その先のこんな社会を目指して。といった感じでも表現できる。

こういった個々のプロジェクトをいくつも実現した先に、企業や組織がもつ**理念**の実現があると考えられる。

ここで注意してもらいたいのは、単発のアイデアに頼らないようにするということだ。ビジョンの実現をひとつのアイデアだけに頼ってしまうと、どうしてもそのアイデアが目立ちすぎてしまい、バラエティーショップに並んでいるような、面白グッズのような印象が強くなってしまう。それではアイデアの面白さや奇抜さだけが印象に残ってしまう。コンセプト全体が印象に残り、共感してもらいやすくするには、できることなら複数のアイデアが組み合わされた先にビジョンが実現するようなプロジェクトを目指してもらいたい。

また、本書では第5章にコンセプト構築、第6章にアイデア創出の仕組みの順で書いている。しかし、コンセプトとアイデアのどちらを先に決めるかといわれると、明確な順番は決まっておらず、同時並行して両方考えるといったことが多い。第5章と第6章の内容を行ったり来たりしながら精度を上げていってほしい。

市場が成熟したこれからの時代、**哲学**、**ビジョン**、**アイデア**の全てを含んだ、消費者に伝わりやすいコンセプト構造をもつプロジェクトを目指すことをお勧めする。

5-3 コンセプトのチェック

ある程度コンセプトらしい内容が固まってきたら、それが**図5.1**に示したコンセプト構造に当てはまるかどうかチェックしてみよう。

そのときに重要なポイントは、いま考えているコンセプトの「ビジョン」に該当する内容が、フィールドワークから導き出されたユーザーの**メンタルモデル**や**隠れた欲求**（p.68、4-2、p.74、4-3 参照）を達成することを手助けする内容になっているかどうかである。

フィールドワークなどを経て抽出されたメンタルモデルや隠れた欲求を実現するために必要な工夫が「アイデア」にあたり、その「ア

イデア」を使って隠れた欲求を達成することが「ビジョン」である。そして、その「ビジョン」が実現した先にある世界観が「哲学」ということになる。

仮にメンタルモデルや隠れた欲求とコンセプトの「ビジョン」がうまく一致していなくても、どちらか一方を少し変更することでうまく噛み合う場合もある。ここでできるだけ俯瞰して思考の全体像（**図 5.2**）を見渡してみてほしい。

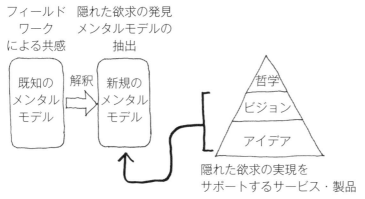

図 5.2　思考の全体像

それでもどうしても噛み合わない場合はコンセプトだけを見直すのではなく、メンタルモデルや隠れた欲求を設定し直すことも視野に入れて再検討したい。

フィールドワークから導き出されたメンタルモデルや隠れた欲求と関連したコンセプトが構築できれば、顧客は自身の生活観や人生観みたいな感覚、いわば「生きざま」が反映された製品やサービスに出合ったと感じ、思わず「あ、こんなものを探していたんだよね」と反応する。そうやってプロジェクト自体のファンになってくれる可能性が高くなってくるわけだ。初めて目にする製品であるから、今まで特に探していたわけではないのだが、思わず「自分が探し求めていたものだ」と錯覚させてしまうほどの魅力を感じさせる。つまり、コンセプト構造とメンタルモデルや隠れた欲求の方向性を一致させることが、デザイン思考を用いてモノゴトを思考し成功させるための最大のポイントである。じっくりと検討してほしい。

5-4 ブランディング

5-4-1 ブランディングとコンセプト

　このように一貫したコンセプトをもつことによって、顧客と信頼関係のようなものが芽生えてくると、これがブランドの価値（ブランドロイヤリティー）といわれるようになってくる。ブランドロイヤリティーとは、忠誠を意味する loyalty から派生した言葉で、顧客のもつ高い信頼や強い愛着のことを指す。つまりコンセプトに宿る、その企業や組織のもつ価値観や、その製品を開発するに至った一連の物語などが一貫性を帯びることによって、そのブランドの姿がはっきりし、同時にその姿が自分が応援するにふさわしい姿なのか、好きになり得る姿なのかの判定に使われ始める。好きになる、応援したくなる、次の買い物のときに戻ってきたくなるような姿が示せれば、一貫して積み重ねてきたコンセプトの哲学がブランドロイヤリティーを創り上げ、その企業や組織のもつ企業理念になっていくのだといえる。

　個々のプロジェクトや製品のコンセプトが結集して、ブランドコンセプトとなり、そこからブランドロイヤリティーへとつながっていく。この一連の活動をブランディングなどと呼ぶわけである。

5-4-2 ブランディングとデザイン思考

　そもそも人類には道具を作るという能力が備わっており、得意不得意に多少の個人差はあれど、道具を作って生活の質を向上しようとすることは最も人間らしい活動のひとつといえる。皆に等しく備わった人類特有の能力である。

　ところが産業革命以降に大量生産という生産方式が一般化した。細々と個人的に道具を作るというような規模ではなく、工場で大量に生産するために誰かが形を決めておく必要が出てくる。つまり色と形を考える人が専業化しデザイナーという職業が生まれたわけだ。

第5章　コンセプト構築

　その結果、20世紀はモダニズムの時代だったといえる。デザインの世界でもモダンデザインと呼ばれる考え方が続いた。モダニズムとは人類共通の究極の目標に向かって人類の生活環境を開発していこうという考え方であり、世界中のデザイン教育機関がこの考え方を是と捉えた教育をしてデザイナーを輩出してきた。しかし、21世紀に入って、このモダニズムという考え方が正しかったのか、少し立ち止まって考えるという風潮が出てきた。少なくともデザイン界よりも先に哲学の分野などではモダニズムの終焉が議論されてきた。この地球上にはそもそも人類共通の究極の目標など存在せず、それぞれの文化や歴史観、宗教観などによって目指す目標は違って当たり前であり、その多様性を受け入れてそれぞれが共存する方向を模索するべきだ、というような考え方がなされるようになってきたのだ。このようなポストモダニズムの時代にあっては、デザインに関しても人類共通のグローバルなデザインというよりも、それぞれの地域に根ざしたバナキュラー（土着的）なデザインの方が注目されるようになってきた。

　これは、どこかの誰かが提唱した世界共通の何らかの理想の姿に従ってデザインしていればまず間違いない、といったモダニズムの価値観からの決別を意味する。それぞれの地域において、その地域に暮らす人々の実態、例えば人々のもつ歴史観や宗教観に由来する道徳や習慣、文化などに根ざし、そのときその場所での良し悪しが判断されたデザインが必要になってきたということでもある。常に深い思考と判断を繰り返しながら対応していかなくてはならない時代が到来したとも言い換えられる。デザイン思考のような思考の道具の重要性が増しているのだ。

　成熟した市場では、大量生産に伴う大量消費という消費行動に疑問が生じはじめ、多品種少量生産といわれるような生産規模の見直しや多様化した志向への対応が求められるようになり、かつてのよ

うにデザイナーがひとたび色と形を決めて、その後同じものを大量に生産するわけではなくなってきたのである。むしろ3Dプリンターなどに代表されるデジタルファブリケーション、つまりデジタルデータを使って効率よく単品生産する技術の発展によって、誰でも簡単にモノを作れる時代になりつつある。

これからはデザイナーでなくとも、全ての人たちが自らモノゴトの良し悪しを判断する必要性が再注目されている。このことはデザインの民主化などと称されているが、デザイン思考はまさにこういった時代に全ての人々が改めて深い思考と判断を繰り返すための有効な思考の道具だと捉えられる。

また製品コンセプトやブランディングにおいても、モダニズムが標榜していた世界共通の目標のようなものの存在が崩れ、それに頼れなくなってしまった。その中でも世界に打って出て成功している企業も現れている。

例えば、それまでの掃除機といえば、取り回しがよくて掃除がしやすいとか、取っ手が長くて楽な姿勢で使えるとか、重量が軽くて疲れにくいとか、とかく使い勝手や利便性にどれだけ工夫がなされているかが強調されてきた。しかし、国や地域によって住宅環境も違うし、個人によって体格も体力も違う。そんな中、掃除機に求められる最も重要な共通した要素を「吸引力」であると定義し「吸引力が落ちない」ことを第一に据えて訴えかけたのがダイソンである。

「吸引力の変わらないただひとつの掃除機」を謳ったこの掃除機のブランドコンセプトは世界中で注目され、掃除機のイノベーションともいえる確固たるブランドロイヤリティーを築くことに成功した。製品のコンセプトからブランドロイヤリティーまで一貫してブレない主張が功を奏したのである。

［柏樹　良］

第6章
アイデア創出の仕組み

6–1 アイデアはどこからくるのか

6–1–1　自由になる

　第3章では課題が発生している現場を知り、第4章ではその課題を解釈し、本質的な意味での解決をするためのゴール設定（目的の設定）を行った。どのような道を通ったとしてもゴールに到達できればよい、点さえとれれば勝ちだ、という考え方もあるだろう。しかし我々はゴールへの道筋、点のとり方、ゴールを目指す意識、その際の心持ちについても重視している。それが第5章の「コンセプト構築」であった。ここで説明された哲学、ビジョン、アイデアからなる**コンセプト**は、考えを前に進めるための指針となる。この章では、コンセプト構造にも深く影響する**創造（ideation）**のメソッドをいくつか紹介する。

　イノベーションにつながるモノやサービスのアイデアの発想を始めるときには、指針であるコンセプトにとらわれすぎて視野を狭めないよう、一度意識を解放する必要がある。

　頭の中を自由にする。頭の片隅にコンセプトを置きながら自由になる。自由な心持ちでアイデアを生み出すのだ。

6-1 アイデアはどこからくるのか

　いきなりアイデアを出せと言われても誰しも急によいアイデアを思いつくことは難しい。だからこそアイデアを出すためのメソッドが多く存在する。ではメソッドさえあれば、そしてそのメソッドの通りに実行しさえすれば多くのよいアイデアを発想することができるのだろうか？

　アイデアを発想しようとするときは、アイディエーションの作業をチームで行う前に、メンバー各々が関連する情報についての十分な下調べを行っておくことが必要だ。さらには関連する可能性のある資料（特にビジュアル資料）などを持ち寄って、アイデア創出のための様々なメソッドを行う際にチームのメンバーが閲覧可能な状況を作っておくなど、アイデアを出しやすくする準備をしておくことで、チームのパフォーマンスが高まるだろう。
　p.19、1–3–2 にある通り、心理的安全性が保たれないとチームでのミーティングは成立しない。すなわちそのチームはまだチームとはいえず、ただ集められた状態のままの「グループ」でしかない（p.17、1–3–1 参照）。
　心理的安全性が保たれたチームとは、単に忖度し合う人々の集まりのように感じるかもしれないが、全く逆で、自由に言いたいことを言い合ってもリスクが発生しない関係性が構築できているということなのだ。

6–1–2　アイデアを伝えるためのスケッチ
　アイデアは、必ずしも文字で書き表しやすい状態で生まれてくるとは限らない。頭の中にぼんやりと浮かんでくるアイデアは、映画のワンシーンのようなイメージかもしれないし、マンガの１コマのようなイメージかもしれない。昔行った旅行の旅先での記憶や、毎日の通学・通勤時の改札口での思いもよらぬアクシデントからくるイメージかもしれない。
　そのイメージを、チームのメンバーに伝えやすい文章にできれば

第 6 章　アイデア創出の仕組み

よいのだが、文字で表現できるイメージには限界がある。

そこで、アイデアを伝えるときにも簡単な絵を描くことに挑戦してほしい。

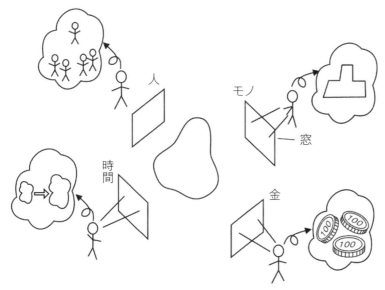

図 6.1　企画をみるときの人・モノ・金・時間の 4 つの窓
〔畑村洋太郎：みる　わかる　伝える、講談社（2008）より〕

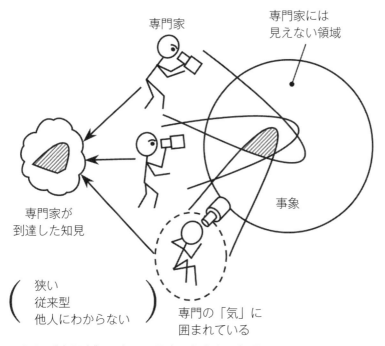

図 6.2　"専門家" のものの見方で得られる知見
〔畑村洋太郎：みる　わかる　伝える、講談社（2008）より〕

図6.3　見ない・考えない・歩かない
—すべての生産現場で起こっている "3ナイ"—
〔畑村洋太郎：技術の創造と設計、岩波書店（2006）より〕

　詳しくは p.124、7–2–2 を参照してほしいが、ここでは、美術大学やアートスクールで美術やデザインを学んでいない人にとって、**伝えるための絵**として大変参考になる工学研究者の畑村洋太郎が描いた「棒人間を使った説明図」を引用するので参考にしてほしい（**図 6.1〜6.3**）[1,2]。

6-2 アイディエーションの技術

　ここでは具体的に、アイデアを出していくための様々なメソッドを紹介する。

　発想のためのメソッドは大きく2つに分けることができる。ひとつは**発散技法**で、多くのアイデアを拡散的に広げていく。もうひとつは**収束技法**で、何らかのまとまりを作っていきながら、またはそのアイデアのまとまりの名称をきっかけにするなどして発想する。

　発散技法は、領域も結果も限定せずに、ほとんど思いつくままにアイデアをたくさん出していくためのメソッドである。収束技法は、発散技法などを使って出された多くのアイデアを集め、何らかの基準によって束ねていくことで、アイデアの出されていない領域を明らかにしたり、ダブリを見つけてひとつにまとめたりするメソッドである。発散技法で出された数多くのアイデアを収束技法で束ねる

ことによって、チーム全体がそれまでに出したアイデアを立体的な
まとまりとして捉えやすくなる。これはゴールに近づくアイデアを
見つけやすくするメソッドである。そのため、発散技法だけ、また
は収束技法だけで使われることは少なく、これら2つを順に行う
ことが多い。

コラム　三上、三中、三多

　少しだけ歴史の話をしよう。外山滋比古は、有名な著書『思考の整理学』[3] の
中で、三上（馬上、枕上、厠上）・三中（無我夢中、散歩中、入浴中）がよい考
えの生まれやすい状況であると述べている。三上の「馬上」とは馬での移動中で、
現代で考えると車や電車での移動中と考えられる。枕上は、枕の上すなわち寝床
での就寝時や起床時。厠上は、トイレの中である。外山は同時に、三上を唱えた
北宋時代（960〜1127年）の中国の歴史家である欧陽脩の言葉として、三多とい
う言葉も引き合いに出し、看多（多くの本を読むこと）、做多（多く文を作ること）、
商量多（多く工夫し、推敲すること）が思考を高めるための秘訣だと述べてい
る。アイデアは、何もないところから降って湧いてくるものではなく、ベースと
なる多くの情報を調べ、多くの文を書き、その文に吟味、批判を加えることでま
とまったものになるとも述べており、アイデアを発想すること、考えをまとめる
メソッドがはるか昔から提案されていたことがわかる。

　現代においても、シャワー時やカフェで紙ナプキンにメモするときにクリエイ
ティブなアイデアが生まれやすいといわれている。しかし、現代における多くの
プロジェクトには必ず締切日があり、アイデアを出しやすいからといって、業務
時間中に三上、三中のように枕を使って休んだり、シャワーを浴びたり散歩に出
かけたりということを、上司に許してもらうことは難しい。そのために、ある程
度構造化された発想のメソッドを使う必要がある。

6–2–1　発散技法

（1）ブレインストーミング

　ブレインストーミングとは、ミーティングまたはワークショップ
において、比較的短時間でたくさんのアイデアを考え出す目的で行

うメソッドである。アメリカの広告代理店 BBDO 社の副社長であったアレックス・オズボーンによって始められた[4]。

チームの人数は 4〜7 人程度で、5 人が望ましい。

明確な 4 つのルール（ルールの分け方によって 3 つや 5 つなどの数にしている分け方もあるが、ここでは 4 つを採用する）を設け、チームメンバーがルールを守ってアイデアを出すことで、質の高いブレインストーミングを実行することができる。

1）ブレインストーミングのルール

ブレインストーミングを始めると、やる気の高い人ほど、よいアイデアを出そうという焦りや緊張から、何も考えられなくなったり、ぼーっとした気持ちになってしまったりする。また、ブレインストーミングを行うチームメンバーの中に、直属の上司がいたり、同じクラスのちょっと気になる人が含まれていたりする場合にも、できるだけ自分の評価を上げたいという気持ちが出てしまい、平常心でブレインストーミングを行うことが難しくなる。

次に述べるブレインストーミングの 4 つのルール[5] は、メンバー同士の心理的安全性を確実なものとするためにも特に重要である。

① *批判厳禁　人の発言を一切批判してはいけない*
② *自由奔放　リラックスして変なことを言っても許される*
③ *質より量　量は質を生む。質はどうでもよいというわけではない*
④ *結合改善　自分以外の人が言ったアイデアに、ほかの人が便乗して、よりよいアイデアにしてよい（このアイデアは私のもの、自分のもの、という意識をなくす）*

2）ブレインストーミングの進め方

ブレインストーミングには、いくつものやり方が存在するが、ここではセメスター（約半年、15 回程度）またはクオーター（約 1

/4年、8回程度）で行われる大学の授業（通常1コマ90分）の中で、5〜6人のチームを作り実施することを想定して設計している。準備する道具、材料は p.23、1–4–3 参照。

① ベース用紙の作成

図6.4 のように、A4サイズのコピー用紙を田の字に並べ、マスキングテープでつなぐ（全体でA2サイズになる）。マスキングテープを貼った面を下にして使う。

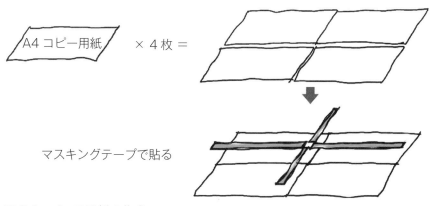

図6.4　ベース用紙の作成

② テーマ、解決したい課題、ゴールの確認

これから考えるアイデアについて、そもそものテーマ、プロジェクトで解決したい課題、チームで設定したゴールは何なのかをチームメンバー全員で確認する。

③ ビジョン・コンセプトの確認

会社や組織、研究機関におけるビジョンを確認し、第5章で考え抜いた「これから生み出そうとする製品またはサービスのコンセプト構造」をチームのメンバー全員で確認する。コンセプト構造が、これから始めるブレインストーミングの指針となる。

④ タイマーの準備

ここから本格的にブレインストーミングが始まる。メンバーのうちの一人のスマートフォンなどを使って、20分のタイマーを設定する(**図6.5**)。授業やワークショップで行う場合、これは教員やファシリテイターが行うのがよいだろう。

図6.5

⑤ 個人で考える（シンキングタイム）

まずは個人単位でアイデアを考え付箋紙に書く。スマートフォンのタイマー機能などを使って時間を計る。アイデアを考える時間は、2〜5分（チームで設定する）(**図6.6**)。個人でアイデアを必死に考え、思いつくままに付箋紙に書いていく。絵も描いてよい。

1枚の付箋紙にはひとつのアイデアだけ書く。手元に何案か並べておく。

図6.6

第6章　アイデア創出の仕組み

⑥　アイデアをほかのメンバーに共有する

　一人ずつ順に、記入した付箋紙を中央のベース用紙に貼り、アイデアをほかのメンバーに短く説明する（絵も描いてよい）。付箋紙をベース用紙に貼るときは「01」、「02」、・・・、「99」、「100」と順に付箋紙の隅に番号を記入する。説明の後、ほかのメンバーは積極的に質問する。質問やその解答なども手元のノートなどにメモし、次のアイデアに生かす。

　時計回りなどの順で全員のアイデアが全て貼り終わるまで続ける。5分程度で終わらせるようにするとよい（**図6.7**）。

図6.7

⑦　再びシンキングタイム

　メンバー全員のアイデアが出尽くしたら、再度シンキングタイムを設け、再び個人単位でアイデアを付箋紙に書いていく。

　シンキングタイム終了後、再度、順にアイデアを発表し、ベース用紙に貼る。全員のアイデアが出尽くすまで行う。

⑧　思い出し質問をしてよい

　ほかの人のアイデアについては、いつでも質問してよい（さっきのこれだけど、ここはどうなっているんですか？　のように）

⑨ 休憩

20分ほど行ったら5分休憩をとる。休憩のときは、あえて今までの20分の内容から離れて別のことを考えたり、何も考えずにぼーっと景色を眺めたりして頭を切り替えリフレッシュするのがよい。

ジェームス・ヤングは、発想法の書籍として著名な『アイデアのつくり方』[6]の中で、

アイデア作成のこの第3段階に達したら、問題を完全に放棄して何でもいいから自分の想像力や感情を刺激するものに諸君の心を移すこと。音楽を聴いたり、劇場や映画に出かけたり、詩や探偵小説を読んだりすることである。

と述べている。

さすがに5分の休憩で劇場や映画へ行くことはできないが、スマートフォンを誰もがもつ現代においては、この5分で、自分の好きな音楽をイヤホンで聴いたり、電子書籍を読んだりすることは可能だ。

⑩ 100案のアイデアを目指す

休憩を挟んで20分でもう一度同じことを行い、計40分（休憩を含め45分）でアイデアが100案出ることを目指す（あまり長く行っても集中力が続かないため、全体で60分程度に収めるのがよいだろう）。

第6章　アイデア創出の仕組み

⑪ 注意点

　ブレインストーミングは発散技法なので、ブレインストーミング中は、まとめようとしない。

⑫ アイデアを出すときは、使わないアイデアも出す

　ある程度の量のアイデアが出ると、すでに出したアイデアを早く高めていきたいと焦る気持ちが起こりやすい。そのため、すでに提案されているアイデアや、既存の製品にとても似たアイデアが出やすくなってしまう。そのようにチーム全体が狭い思考範囲内でぐるぐるし始めたら、思いついたけれど「これはないな」と思ったアイデアも付箋紙に書き出して、ベース用紙に貼る。

※最近は、同じ空間に対面で集まらないスタイル（すなわちオンライン）でブレインストーミングなどのアイデア・ミーティングが行えるソフトウェア（アプリケーション）も様々なものが登場している。

（2）チェックリスト法

　チェックリストで多くの人が使っているのは、ToDo リストだろう。例えば今日一日にやることを箇条書きにし、そのリストの行頭に四角い記号を書いておく。完了したらチェックマークを書き入れていくことで、どの項目が完了して、どの項目が完了していないのかがわかる仕組みだ。

　発想法としてのチェックリスト法で代表的なものは、ブレインストーミングの考案者であるオズボーンが提唱した**オズボーンのナイン・チェックリスト**である（**表 6.1**）。

　すでに提案されているアイデアに対して、**表 6.1** に挙げる 9 つの可能性を検討し、新たなアイデアに結びつける。

107

6-2 アイディエーションの技術

表6.1　オズボーンのナイン・チェックリスト

転用	同じ状態または少しの改造でほかの用途はないか考えてみる
応用	既存の似たようなモノに手を加えて目的を達成できないか考えてみる
変更	現在のアイデアの色、形、動き、意味、音などの要素を変更したアイデアを考えてみる
拡大	現在のアイデアの高さ、長さ、時間、強さなどの要素を大きくしたアイデアを考えてみる
縮小	現在のアイデアの高さ、長さ、時間、強さなどの要素を小さくしたり、分割したり、部分的に削除したりしたアイデアを考えてみる
代用	現在のアイデアの素材、作り方、場所、などの要素を既存のほかの要素に置き換えられないか考えてみる
再配列	現在のアイデアの並び順、行と列、構造、時系列、レイアウト、関係性などの要素を再配列したアイデアを考えてみる
逆転	現在のアイデアの前後、左右、上下、役割、順序、方向などの要素をひっくり返したアイデアを考えてみる
結合	現在のアイデアの中の複数の要素を混ぜ合わせたり、組み合わせたり、つなげたりする。すでに出された複数のアイデアを組み合わせて新たなアイデアを考えてみる

(3) マインドマップ

トニー・ブザンによって1960年代に創設・発表された。

マインドマップとは、自由連想法（用意された特定の言葉やビジュアルから、思いつくままの自由な考えを次々と連想していく発想法）のひとつであり、紙の中心からスタートして、言葉とイメージを組み合わせてカラフルに書いて広げていく、という書き方に工夫があるメソッドである（**図6.8**）。

マインドマップはアイデア発想だけのために開発されたわけではない。最初（彼が人間の思考について研究し始めた頃）は、自らの勉強法を見直し、言葉と色を組み合わせたノートのとり方の一種として編み出された。そこから様々なプロセスを経て現在多くの書籍にまとめられているが、そこでもマインドマップは幅広い用途を提案している。例えば『マインドマップ　最強の教科書』という書籍では、マインドマップには6つの基本的活用術があり、4つ目の「創

第6章　アイデア創出の仕組み

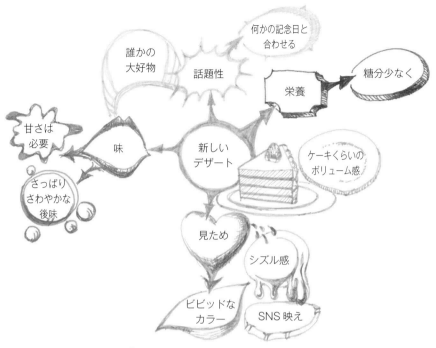

図6.8　マインドマップ

造性」というセクションでは、以下のように記述されている[7]。

マインドマップによって新しい発想が思いつきやすくなり、今までとは違う見方を受け入れられるようになり、結果として独創的なアイデアが出せるようになる

(4) マトリックス法

　発散技法でありながら、考え始めるときは切り口を絞って縦と横に2つの変数を決め、変数ごとに要素を洗い出し、それらの組合せを作ることで新たなアイデアを生み出すメソッドである。

　例えば、あらかじめ設定されているテーマが広すぎる場合などに、そのテーマをある程度絞って考えることで、より具体性を高めたり、課題を具体的に想像しやすくしたいときに向いている。

　Apple 社のスティーブ・ジョブズが、初代の iPhone を発表する際のスライドでマトリックス法を用い、「スマート」を縦軸、「使い

やすさ」を横軸にして、そのときに販売されていた携帯電話やスマートフォンと、iPhoneとを比較してみせたことは、有名な実話である（**図6.9**）。

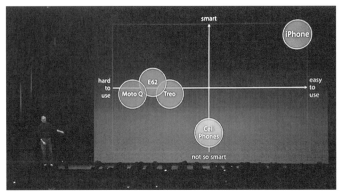

図6.9

(5) それ以外の発散技法

図書分類法（図書館で行われている書籍の分類法をアイデア創出に利用するもの）、ブレインライティング法、欠点列挙法・希望点列挙法、入出法、属性列挙法、形態分類法、シネクティクス法、ゴードン法、NM法などがある。

6-2-2 収束技法

収束技法は、発散技法で出した事実やアイデアをまとめあげる技法である。ここでは、**KJ法**[8]を紹介する。

KJ法は、文化人類学者の川喜田二郎が生み出したメソッドで、調査の研究結果をまとめるための技法である。KJ法は、類似のデータを集め新たに分類することや新たな仮説、さらには新たなアイデアを作ることに向いている。

(1) KJ法の進め方

KJ法は、多くのアイデアを束ねるのに向いているので、ここでは発散技法であるブレインストーミングを使って、それがA2サイ

第 6 章　アイデア創出の仕組み

ズの紙（A4 コピー用紙 4 枚のベース用紙）に、広い方向に広がったできるだけ多くのアイデアが書かれた付箋紙が貼ってある状態から始める（**図 6.10**）。

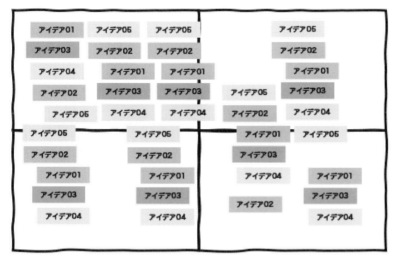

図 6.10

① ブレインストーミングによって出されたアイデア全てを眺め、内容が本質的に似ている付箋紙を 5〜6 枚程度集めて新たなコピー用紙（A4、もし大きすぎる場合は半分に切った A5 サイズを用いる）に移動して貼る（**図 6.11**）。

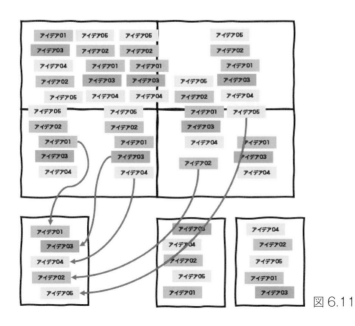

図 6.11

111

これをいくつも作っていき、まとめきれない付箋紙は、単体で1枚のコピー用紙に貼る（場合によっては、この単体が1枚だけ貼ってあるコピー用紙が、何枚もできることもある）（**図6.12**）。

図6.12

まとめる過程で新たなアイデアを思いつく場合がある。その場合は、新たなアイデアを書いた付箋紙を追加可能である（**図6.13**）。

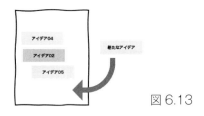

図6.13

② 集めた付箋紙のグループにタイトルをつける（**図6.14**）。タイトルをつける際には、以下の点に注意する。
・グループ内のアイデアの内容の要点をおさえるタイトルにする
・内容の一部のみしか伝わらない表現は避ける
・できるだけ簡潔な表現にする
・ほかのグループのタイトルと重複がないようにする

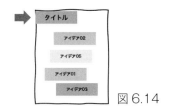

図6.14

③ 上位グループにまとめる（**図 6.15**）

　① で作った小グループを中グループへまとめ、それらにも中タイトルをつける。

　中グループをさらに大グループへとまとめ、大タイトルをつける。

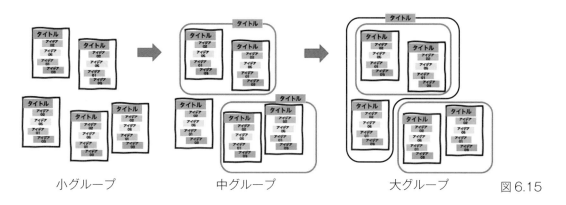

小グループ　　　　　　中グループ　　　　　　大グループ　　　　図6.15

ここまでを 20〜25 分程度で行う。

KJ法で行うグループ分けにより、全体が空間的に理解でき、自分たちの不足箇所や得意箇所を把握しやすくなる。

6–2–3　アイデアの選び方

大タイトルでまとめられたアイデアの束ができたら、次のステップに進めるアイデアを選ぶ。アイデアを選ぶときには、細心の注意を払う必要がある。

デザイン思考では、投票によって、たくさんのアイデアから次のステップに進めるアイデアを決めるが、投票のやり方には注意が必要である。

オープンに直接アイデアに投票用付箋紙を貼って、得票の高いアイデアを選ぶという方法もある（**図 6.16**）が、実はこの方法は危険である〔先に貼った人の選択に影響され（バイアスがかかる）、後から投票する人は惑わされる〕。なぜかこの方法が多く用いられているが、心理的安全性を蔑ろにしてしまうこの方法は、お勧めし

6-2 アイディエーションの技術

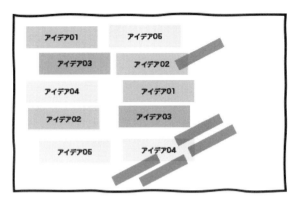
図 6.16

ない。
　アイデアを選ぶときは、以下のようにするとよい。
① 付箋紙などで投票用紙を作り、各自が他者に見せないよう投票したいアイデアの番号を順位をつけて5つ記入する（**図6.17**）。

図 6.17

② 1位を10点、2位を8点のようにし、メンバー全員の合計点の高い順に並べ、全員で内容を確認し合う。
③ 上位3つのアイデアについて、課題を解決することに適しているかをメンバー全員で検討し、どれにするか（または組み合わせてひとつのアイデアにするなど）を決める。

コラム　様々な発想法が生まれた時代のオフィス環境

　ブレインストーミングを含めた数ある発散技法は、1930年代後半〜1970年代に生まれたものが多く、その当時の社会的な背景、その中でも日常的に使われているプロダクトは、2024年の現在と比較すると異なりすぎている。当時はスマートフォンがないどころか、携帯電話さえまだ登場していなかった。コピー機が一

第6章　アイデア創出の仕組み

般的に普及し始めたのも 1970 年代からであり、それ以降、一般的なオフィスに
コピー用紙が大量に存在する、という状況が広がってきた。

　また付箋紙も 1960 年代末に発明はされていたが、製品として発売されたのは
アメリカで 1980 年、日本では 1981 年だった。つまりブレインストーミングが最
初に考え出された 1950 年代頃には、コピー用紙も付箋紙も存在しておらず、気
軽に利用できなかったのだ。

　そこで、具体的な技法の中で用いられるプロダクトは、当時の発案者たちがこ
れらの技法を提案した後から、時代の変化とともに多くの解説者が、その時代時
代の入手のしやすさに合わせてアレンジして提案している。本書でも 2024 年時
点での入手のしやすさなどを勘案して、具体的な進め方で用いるプロダクトを提
案している。

［渡邊敏之］

参考文献

1) 畑村洋太郎：みる　わかる　伝える、講談社（2008）

2) 畑村洋太郎：技術の創造と設計、岩波書店（2006）

3) 外山滋比古：思考の整理学、筑摩書房（1983）

4) アレックス・オズボーン（著）、上野一郎（訳）：独創力を伸ばせ、ダイヤモ
ンド社（1982）

5) 高橋　誠：問題解決手法の知識 新版、日本経済新聞出版（1985）

6) ジェームス・ヤング（著）、今井茂雄（訳）：アイデアのつくり方、CCC メディ
アハウス（1988）

7) トニー・ブザン（著）、近田美季子（監修）、石原　薫（訳）：マインドマッ
プ　最高の教科書―脳の可能性を引き出す実践的思考術、小学館集英社プロ
ダクション（2018）

8) 川喜田二郎：発想法 改版―創造性開発のために、中央公論新社（2017）

第**7**章

スケッチングとプロトタイピング

7-1 アイデアを実現する

　第5章ではゴールを目指すための指針となるコンセプト構築について取り扱い、第6章ではチームで自由にアイデアを出しまとめていく、発想の具体的な方法を見てきた。

　デザインは、頭で考えるだけではなく手を動かしながら進めるものであり、その過程で様々なものが作られ形となって現れる。形にしたものが受け入れられるかどうか、またどのような評価を得られるかテストし検証することで、アイデアは実現に向けて進化する。
　試行錯誤を重ねた末に、よいアイデアが形になって表現されていれば、言葉を介さずとも人はコンセプトを感じ取ることができる。この章では、アイデアを形にし、実現していく過程を詳述する。

7-1-1　考えながら作り、作りながら考える

　アイデアを言葉で正確に伝えるのは難しい（**図7.1**）。頭の中で思い描いたイメージを絵や模型にしてみると、自分のアイデアをより明確にすることができ、あいまいにしていたところもわかる。絵

117

7-1 アイデアを実現する

図7.1　言葉だけでは伝わりにくい

や模型があれば、それを使用するシチュエーションを演じてみるだけで、対象者の気持ちや状態の理解につながる。さらに、想定する商品やサービスを完成に近い状態まで作り込んだものがあれば、それを使い実際の対象者に対してテストを行うことで、個別の具体的な情報を得ることができ、定量データを収集することも可能だ。

　このように、言葉だけでなく形にしたものがあれば、チームメンバーやステークホルダーとアイデアをより深く共有でき、様々な意見や評価を得ることにつながる。また、アイデアは頭の中ではうまくいくと思えても、実際に形にしてみると多くの問題が出てくるものだ。その問題の原因は、設計や構造、素材、使用者の使い方、環境との関係など多岐にわたる。しかし、実際に作って問題を発見し、修正を繰り返す過程を経ることで、解決の糸口が見えてくる可能性がある。

　本書では、アイデアがまだ固まっていない段階で発想を膨らませるための作業を**スケッチング**と定義し、ノートに様々な絵を描くだけでなく、身近な素材を使って簡易的な模型を制作することも含む。スケッチングによって生まれる成果物を**スケッチ**と呼ぶ。また、スケッチングを経て決定したアイデアをより具体的な形にする過程を**プロトタイピング**と呼び、プロトタイピングによって作成される製

品やサービスの原型のことを**プロトタイプ**と呼ぶ。

　デザイン思考の一般的な解説では、アイデアを表現したり実験・検証するために、製品やサービスのプロトタイピングを行うと説明されることが多い。これだけを聞くと、アイデアが決まったらプロトタイプを作ればよいと考えがちである。間違いではないが、何か大事なことが抜け落ちているように思える。実際の現場では考えながら作り、作りながら考えるという試行錯誤を通じて、徐々にアイデアの精度を高めていくものだ。つまり、デザイナーはアイデアを考えている最中にも手を動かし、常に何かを描いたり作ったりしている。プロトタイプは製品やサービスの原型を指すものである。このような原型としてのプロトタイプができるまでには、それより前のアイデアを比較検討して練る段階から多くのものが生み出される。それがスケッチである。

　スケッチングを繰り返し、アイデアが決まったらさらにプロトタイピングを繰り返すことで、アイデアがどのように利用されるか、対象者の感情がどのように動くか、また問題解決にどのように寄与するかを評価することができる。デザイン思考では、このように数多くのフィードバックを得ながら思考し精度を高めていく（**図7.2**）。

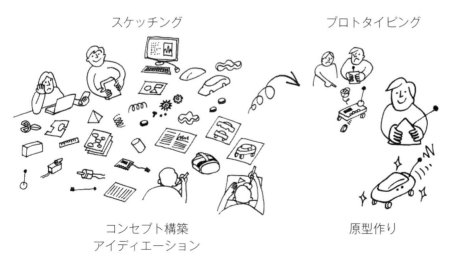

図7.2　スケッチング（左）とプロトタイピング（右）

7-1-2 小さな失敗を繰り返そう

　さて、アイデアを形にするというと、大変な作業に感じるかもしれない。どんなアイデアでも頭の中では自由に考えることができたが、いざ作るとなると急に尻込みしてしまうかもしれない。どのような構造なのか、どんな技術が必要なのか、費用はどのくらいかかるのか、材料は近所のホームセンターで揃うのか、専門業者に発注しなければならないのか、具体的に考えれば考えるほど時間とコストがかかりそうだからだ。そうすると、できるだけ失敗しないように、詳細に考え抜いてから作る方が効率がよいと考えるだろう。しかし、最初から成功を目指して手間をかけてしまうと、いつの間にかそのプロジェクトは「失敗できないもの」になってしまう。また、途中でアイデアがよくないことがわかったとしても、今までの苦労を考えるともう止められない。これは効率を求めすぎるために陥りやすい間違いだ。イノベーションを生むためのデザイン思考において、効率は常に正義とは限らない。

　特にスケッチングは、小さな失敗をするために行うものと考えよう。例えばパティシエが新しいお菓子を考案するとき、材料の配合などを変えていくつか試してみるが、もちろんそのほとんどはイメージと違うものになる。その中からヒントを得てもう一度試してみる。美味しいお菓子は、こうした試行錯誤の末にようやく完成する。これはどんなものでも同じだ。小さな失敗なら恐れることはないし、得られることの方が多い。

　とはいえ、時間やお金は有限だ。だから、可能な限り早く安く作ってみよう。特にコンセプト構築やアイディエーションなどの初期段階では、簡単なものをいくつか作ってみてほしい。

　デザイン思考を世界に広めた IDEO（p.159、コラム参照）は、ここでのスケッチングを**ラフ（Rough）、ラピッド（Rapid）、ライト（Right）** という **3R** に基づいて行うことを提唱している[1]。**ラフ**

とは粗くても構わないので身近な素材を使って作ること、**ラピッド**とは頭の中のイメージを時間をかけずに素早く作ること、**ライト**とは検証したい部分については正確に作ることである。ごく簡単なものや部分的なものでも、実物で確認する方が実感を伴って評価でき、問題にも気がつきやすくなる。効率は常に正義とは限らないと書いたが、小さな失敗を繰り返すことが結果としてスピードアップにつながるのだ。

　実習授業をしていると、いつまでもスケッチやプロトタイプを作らず、議論ばかりを重ねる学生がいる。これは経験豊富なベテランには有効かもしれないが、初学者にとっては狭い範囲でしか考えられず、理想に偏りすぎることがある。その結果、共感を得られず、理解されないものができあがることが多い。デザインという行為は、新たな知識や経験を得て**ある種の飛躍**（p.64、4–1–3 参照）が必要なうえに、理想と現実との折り合いをつけるバランス感覚も求められる。これから作るものが、命に関わらないもので、すでにありふれている製品やサービスならば、自分の理想を追求するのもよいだろう。しかし、未知のものを作ろうとしているのであれば、手を動かし、試行錯誤を重ねるべきである。不器用だから作ることは苦手、などと思う必要はない。最初から理想の形にしようとせず、できることから始めたらよい。まず、ノートに絵を描いてみる。次に100円ショップなどで材料になりそうなものはないか探してしてみる。そして不恰好でも組み立てて、実際に試してみる。そしてまた絵を描く。小さな失敗を繰り返すのは自分の理論や感覚を確かめていくためなので、まずは作ってみようという少しの冒険心をもってほしい。

7-2 スケッチング

　スケッチングはプロトタイピングとは異なり、コンセプト構築や

アイディエーションの際に行う。頭の中のイメージを鉛筆やペンでノートに描いたり、紙とテープで簡単な模型を作成したり、一部が機能する部品を組み立てたり、短いコードを書いたり、CAD ソフトウェアで簡単な 3D モデリングデータを作成するなどの作業が含まれる。デザインではこのような作業を通して完成した姿が徐々に見えてくるのだが、スケッチングで生まれるほとんどのものは不採用となる。しかし、多くのボツ案を生み出すことで、頭の中の引き出しが開かれ、いつでも中のものを取り出せる状態になり、可能性のある選択肢の新しい組合せによる発想ができるようになってくる。スケッチングの副産物が、想定していたプロジェクト全体の方向性を変えてしまうくらい価値のあるものを生み出すことだってあるかもしれない。

7-2-1　確認のための絵

　学生に「絵を描くことは好きですか？」と尋ねると、あまり好きではないと答える人が非常に多い。多くの場合、自分には絵を描くセンスがないと考えているようである。一般的に、絵がうまく描ける人は特別な才能をもって生まれたとか、芸術的な環境で育ったと思われている。しかし、生まれつき絵がうまく描ける人などいない。現在の研究では、絵を描く能力は遺伝とあまり関係がないこともわかってきている。

　一方で、環境の影響は無視できない。例えば、美術大学に進学した学生の多くは、幼少期に身近な人から「絵が上手だね」と褒められた経験があり、そのため多くの絵を描くようになったという。そうした経験を通じて「自分は人より絵がうまい」と自覚し、さらに描く時間が増えたという。この現象はスポーツや勉強にも当てはまる。好きになり、時間をかけることで、誰でもある程度のスキルを身につけることが可能である。

　もちろん、芸術的で人を感動させるような絵を描くことは難しい。写実的な絵も抽象的な絵も、絶え間ない修練が必要である。しかし、

ここで扱いたいスケッチは芸術的な絵ではなく、アイデアがどのようなものかを図解する**確認のための絵**である。

　中学生の頃、植物の観察スケッチを描いた経験があるだろう。花や実がつく様子や、がく、花弁、おしべ、めしべの形状をよく観察しながらスケッチを描いたはずである（**図7.3**）。これは植物の構造を理解するためのものであり、線が少しブレても問題はない。このように絵を描くという行為には、物の形や状態を捉える役割がある。見栄えを考える前に、まず自分自身がその対象をどのように認識しているかを理解するために描くことが重要である。

	アブラナ	エンドウ	ツツジ
花の形のスケッチ	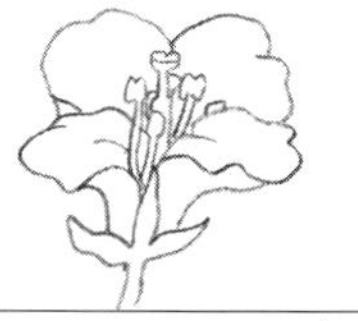		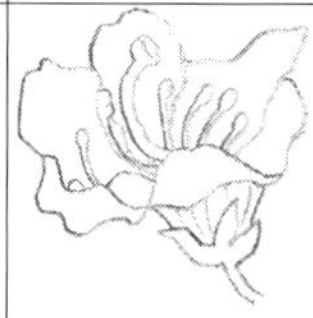
各部分の数	がく 4　花弁 4　おしべ 6　めしべ 1	がく 5　花弁 5　おしべ 32　めしべ 1	がく 5　花弁 5　おしべ 10　めしべ 1

エンドウのおしべは本当は10本

図7.3　中学校の理科における観察スケッチ

　正確に記録したいなら、写真を撮ればよいと思うかもしれない。しかし、この世の中にないものを生み出そうとしている場合は、そもそも写真を撮ることはできない。AIを利用して絵を作成することも考えられるが、生成された絵が思い描いているものと一致するとは限らない。AIに適切な指示を出すために入力する言葉や質問（プロンプト）の修正が煩わしくなることもあるだろう。
　多くのデザイナーはアイデアを考える際、簡単なスケッチをノートの切れ端やコピー用紙、タブレットにさっと描く。これにより、頭の中にあるイメージを定着させ、アイデアを確認したり修正したりしている。ボツになることを前提に多く描き、アイデアを絞り込む作業を行う。この段階では、誰が見てもわかるように描こうとす

るよりも、アイデアの本質を捉えることが重要である。必要な部分だけを描けばよく、その方がほかの人に見せても意図を伝えやすくなる（**伝えるための絵**、p.98、6–1–2 参照）。スケッチングは、頭の中のアイデアを確認したり伝えたりするための有効な方法であり、アイデアが可視化され、共有が容易になり、あいまいな部分も明らかになる。

また、対象者の**メンタルモデル**（p.68、4–2 参照）は、行動や関係性といった形のないイメージを伴うことも多い。このような場合、対象者の行動や関係性をマンガや図にして表現することも有効である。

7–2–2　スケッチを描くための練習方法

とはいえ、絵を描くことにはどうしても抵抗があるという人も多いと思うので、ここでは簡単な練習方法を提案したいと思う。くどいようだが、伝わればよいのでうまく描こうと思わなくてよい。ただ、ポイントだけは意識して描こう。

絵は突き詰めると 5 つの基本的な形の組合せになる（**図 7.4**）。バカにしているのかと思うかもしれないが、できるだけ正確に描いてみよう。コピー用紙などの罫線が入っていない紙に、定規を使わず、手描きで描いてみてほしい。

図 7.4　線、円、三角、四角、ぐにゃぐにゃ

うまく描けただろうか。中でも円は意外と難しいと感じた人もいるかもしれない。次はこの基本的な図形を使ったダン・ロームによる 3 種類の描き方[2]を紹介する。

① 棒人間 = 感情（**図 7.5**）

「うーん…」と悩んでいる表情の人を描いて、次に「やった！」

と喜んでいる表情の人を描けば、悩んでいた主人公の悩みが解決したストーリーとして、時間や気持ちの変化を表現することもできる。

図 7.5　お断り、やった！、うーん…、おっと、げっ！

② ブロック人間＝動作（**図 7.6**）

　今度は四角を体にしてみよう。少し傾けたり、曲げてみると、動作や状態がわかる絵になる。① で描いた棒人間の表情と組み合わせれば、感情と紐づいた動作を表現することができる。

図 7.6　ゴルフ、座って釣り、寝転ぶ、ボールを追いかける

③ ぐにゃぐにゃ人間＝関係（**図 7.7**）

　今度は複数の人間を描いてみよう。個人と集団を分けて描くと対象者の置かれている立場を表現することができる。顔の形を変えるだけで仲間ではないことがわかるし、手をつなげることで仲間であることが表現でき、線で囲えばグループ間の力関係まで表せる。集団とのコミュニケーションを伴うソーシャルデザイン[3]のアイデア

図 7.7　三人組と一人、仲間、多数と少数

7-2 スケッチング

スケッチでは、このように人間関係の変化を描くことも多い。

顔の表情は少し手を加えるだけでも様々な感情を表すことができる。絵文字（EMOJI）の表情を参考にしていくつか描いていると、だんだん見なくても描けるようになるだろう。人以外でもそのうち見なくても描けるようになる（**図7.8**）。ポイントはゆっくりペンを動かすこと。絵が思い通りに描けないと感じている人は、ペンや鉛筆を動かす速度が早すぎることが多い。

図7.8 絵文字でも感情、モノ、注目、活動、状態など色々表現できる

7-2-3 スケッチングの種類

ここでは、一般的なデザインにおけるスケッチングの方法について解説する。スケッチングは絵だけに限らない。作るものや目的に応じて、プロダクトなど立体物の模型を作ることや、3Dデータをモデリングすることや、プログラミングでコードを書くことなどもスケッチングに含まれる*。いずれにしても、スケッチングはアイデア出しの初期段階で気軽にたくさん行うことが肝心なので、ここでは早く安く作ることができるものを紹介する。

---

* ほかの書籍ではプロトタイピングと呼ぶこともあるが、本書ではスケッチングに含める。

(1) ドローイング*

　短時間で簡単に描かれた絵を指す。画材は、鉛筆、色鉛筆、ボールペン、マーカー（色や影付け用）などが伝統的だが、タブレットもよく使われる。プロダクトデザインやコンセプト構築の初期段階でアイデアを視覚的に表現するために描かれる。目的はアイデアの可視化やコミュニケーションであり、詳細に描く必要はない（**図7.9**）。

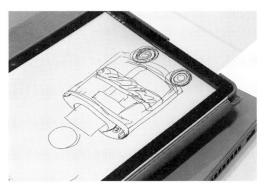

図 7.9　話し合いの中でタブレットを使って描かれたドローイング

(2) ペーパープロトタイプ

　コンピューターをはじめとした電子機器の画面レイアウトを模倣して、紙に描き出したものを指す。主に、Web ページやアプリケーションのデザインをするときに作られる。ペンでコピー用紙に実寸サイズで描き込むだけなので、アイデアを素早く検証することができる（**図7.10**）。製品やシステムがユーザーにとってどれだけ使いやすく、効率的で、効果的であるかを示す概念であるユーザビリティの検討では、描き出した画面を実寸のカード状にして紙芝居形式でテストを実施することで、ユーザーは視覚的に画面遷移が体験できる。ボタンの位置による具体的な操作感や情報提示の順番が正しいかなど課題発見が容易になる。テストの実施に際しては、インター

---

* ドローイングと似た表現には、デッサン、クロッキー、素描、エスキースなどがある。エスキースは下描きの意味をもち、作品の構想を立てるための詳細な描画を指す。特に建築分野では、学生が教員の指導を受けることを「エスキース」と呼ぶため、注意が必要である。

7-2 スケッチング

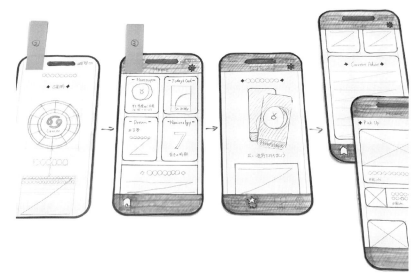

図 7.10　手描きのペーパープロトタイプの例

フェイス（p.70 参照）がどのような働きをするかを説明せずに行うことがポイントになる[4]。

(3) ラフモック

プロダクトデザインにおけるラフなモックアップ*のことで、主にプロダクトの形状やサイズ感など、物理的な造形要素やある程度の使い心地を検証するための立体模型のことを指す。フィジカルスケッチともいう。実際に機能しなくても、人や環境との関係性や調和の具合を試してみることができる。特にルールがあるわけではないので様々な素材を用いて作られる。厚紙などの簡易的な材料を切り出して組み立てるペーパーモックもラフモックに含まれる（**図 7.11**）。

もう少ししっかりした造形表現が必要であれば、ホームセンターなどで手に入る高密度発泡ウレタンの断熱材を利用するとよい。軽量で加工が容易のため、カッターナイフで切断したり削り出すこと

---

* 実際の製品に似せて作られた実物大模型のこと。プロダクトの形状や建築の外観、アプリケーションの表示画面などを再現し、実際には機能しないが、デザインを確認するために作成される。アイデアを具体的に示すための重要なツールである。

第 7 章　スケッチングとプロトタイピング

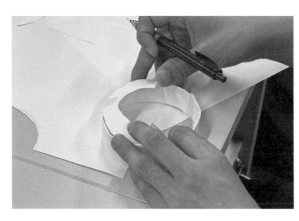

図 7.11　コピー用紙とテープによるペーパーモックで形や大きさを確かめる

ができ、発泡スチロール用の接着剤でパーツをつなぎ合わせることもできる。紙やすりで仕上げれば繊細な曲面を表現できる。水性塗料なら塗装もできるし、アクリル系の地塗り剤であるジェッソで表面を目止めすることもできる。

　ポリスチレンの板に化粧紙が貼られたスチレンボードもモックアップ作りに向いている。カッターナイフで切断でき、テープやスチレン用接着剤で接着するのも簡単なので、さっと立体物を組み立てるときにはちょうどよい。

　より細かい構造で強度のある造形物の場合は 3D プリンターを使うのもよい。木・MDF* やアクリル板のカットにレーザー加工機などを使うこともある。ただし、これらは時間とコストがそれなりにかかる。なお、プロダクトデザインの模型については、進捗に合わせて様々な精度のものがあるが、単にモックアップというと、ラフモックより作り込まれた原型＝プロトタイプという意味合いで使われることが多い（**図 7.12**）。

---

* 粉砕した木材などを圧着して板状に成形したもの。中密度繊維板のこと。パーティクルボードとファイバーボードで植物繊維の細かさが違う。加工がしやすいため、小物から家具、建材など幅広く使われている。

7-2 スケッチング

図7.12 3DプリンターでPLA樹脂やABS樹脂のパーツを出力する

(4) 3Dモデリング

　立体物のスケッチングはコンピューターを使って検討することも多い。3次元CADソフトウェアや3DCGソフトウェアでもスケッチという表現が使われ、平面の図面を立体に起こしたり、フリーハンドで描いたものを立体イラストにできるようになっている。3Dウォークスルーでは、リアルタイムアニメーションによって立体を様々な角度から確認することができ、VRヘッドセットを使えば巨大なプロダクトでも体感することができる。3Dモデリングデータを立体視できるVRヘッドセットの普及によって、今後は様々な分野での利用が増えていくだろう。無料のソフトウェアやサンプルデータも多いので、ぜひ操作を覚えてスケッチングに活用してほしい（**図7.13**）。

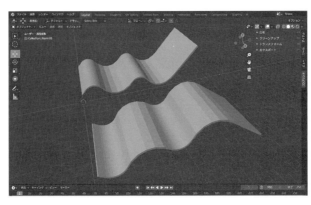

図7.13 オープンソース3D制作ツールであるblenderによるモデリング

(5) UI デザインツール

　Web ページやアプリケーションなどの画面遷移やインタラクティブな操作ができる UI（ユーザー・インターフェイス）のデザインにおいて、プログラミングができなくても画面の操作を再現することができるツールである。また、画面の構造やレイアウトを示すための視覚的なスケッチであるワイヤーフレームを作るのにも使えるため、チームメンバーで開発イメージをひと目で共有できる(**図 7.14**)。スマートフォンやコンピューターを使った実機テストができ、ペーパープロトタイプに代わる簡単なユーザーテストやプレゼンテーションにも利用できる。インタラクティブな操作といってもクリックやタップといった基本的な操作に限定されるものが多いが、より複雑なアニメーションやユーザーデータを扱うような動的な処理も再現できるようになってきている。またコラボレーションツールとしても便利で、インターネット上で複数の開発者が同時に作業できる。

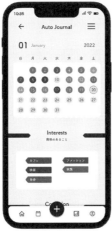

図 7.14　Figma によるスマートフォンアプリケーションのワイヤーフレーム

(6) スケッチ（コーディング）

　電子アートやビジュアルデザインでよく利用されるプログラミング言語・統合開発環境（IDE）である Processing では、書かれたコードのことをスケッチと呼ぶ。これはマサチューセッツ工科大学の

7-2 スケッチング

　MIT メディアラボで教授を務めていた、グラフィックデザイナーでありテクノロジストのジョン・マエダが作った Design by Numbers（DBN）という開発環境の「スケッチするようにコーディングする」という哲学が、その学生だった Processing の開発者のケイシー・リースとベン・フライに引き継がれたものである[5]（**図 7.15**）。

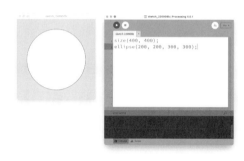

図 7.15　Processing の描画結果（左）とスケッチ画面（右）
〔Processing HP："Getting Started by Casey Reas and Ben Fry" https://processing.org/tutorials/gettingstarted より〕

　また、電子工作やロボット制御を可能にする安価なマイコンボード＊とその統合開発環境（IDE）の Arduino（アルデュイーノ）でも、Processing と同じくコードをスケッチと呼ぶ。Arduino は高度な専門知識がなくても、センサーを使って電子制御された製品開発やメディアアート＊＊作品に使用することができる（**図 7.16**）。プログ

図 7.16　センサーやモーターを電子制御するマイコンボードの Arduino UNO
〔"Arduino Uno R3" https://commons.wikimedia.org/wiki/File:Arduino_Uno_-_R3.jpg より〕

＊　マイクロプロセッサを使った小さなコンピューターのことで、動作に最低限必要な入出力装置の部品をプリント基板に搭載した電子部品である。Arduino はアナログとデジタルの入出力ピンソケットを備えており、様々なセンサーや LED などを挿してつなぎ、プログラミングで制御することができる。家電をはじめとした様々な電気機器を制御するために使われる。

＊＊　デジタル技術やテクノロジーを使って制作された芸術作品のこと。映像や音響、コンピューターなどを利用し、観客が作品に参加することで変化するインタラクティブな表現形式もよく見られる。主に新しい体験や表現方法を提供する。

第7章　スケッチングとプロトタイピング

ラミングで絵やアニメーションやサウンドなどの創造的な表現を思うままに行うクリエイティブ・コーディングという概念も登場している。コンピューターによる複雑な計算を使ったクリエイティブな作品を生み出す際にも、スケッチを作ることは必須になっている[6]。

7–3 プロトタイピング

プロトタイピングは、スケッチングでの試行錯誤を経て、最終形態に近い具体的なモデルを作り、対象者であるユーザーのニーズや要求に叶うか、どのような行動や体験を提供するのか検証するために行われる。完成品と同じように機能するプロトタイプを使ったユーザーテストによって、特定の検証項目について定量的に確認することができる（p.137、7–4 参照）。プロトタイプを使ったテスト・検証の末に決定したものが最終工程で製品化される。

7–3–1　完成前の原型

日本語では試作品と訳されるプロトタイプ（prototype）という言葉は、もともとギリシャ語の "protos"（第一の、最初の）と "typos"（原型）という 2 つの言葉を組み合わせたもので、目指すべきモノやサービスの完成前に作られる**原型**という意味をもっている。

もちろん原型なので、検証の結果次第で、さらなる改良や修正が加えられることが前提であり、最終的な形になるまでに様々な段階のものがある。重要なのは、自分自身を含めそれに関わる多くの人に対して、それがどのようなものか、コンセプトやアイデアを言葉だけではなく、プロトタイプを使って具体的に示すことである。しっかり形になっていて、機能するものに触れると、新規のメンタルモデルが形成され、人は理解を超え共感してくれるようになる。また総合的な評価や感想も得られ、自分のアイデアの核心を確認することができるだろう。

133

7-3-2　プロトタイプの種類と目的

　デザイン思考によって生み出されるモノやサービスが広範にわたっているように、それらのプロトタイプも様々な形式があり、その目的も多岐にわたる。また同じモノ・サービスであっても検証する項目によって必要なプロトタイプも変わってくる。ここでは、代表的なプロトタイプの種類とその目的を紹介する。

（1）ファンクショナルプロトタイプ

　仕込んだ機能やプログラムによって実際に動作するプロトタイプのことで、アイデアの有効性を現物によって物理的に確認することを目的に作られる。ファンクショナルプロトタイプを用いることで、ボタンや各種センサー、モーターなどが正しく機能し、ユーザーの入力に対して正しい結果が出力されるかを検証する。これにより、実装した機能が全て確実に動作するかを確認できる。

（2）デザインプロトタイプ

　主に製品の形状、大きさ、色、質感、触感、重さ、材質などデザインの審美的な側面を検証するために作成されるプロトタイプである。インターフェイスデザインにおいては、ボタンの押し心地やインタラクションにおける反応の振る舞いなどの感性的な側面を評価することも重要であり、さらに画面レイアウトの誤読による誤操作を避けるための視認性の確認も不可欠である。ファンクショナルプロトタイプにデザインが施されることで、ほぼ完成品に近い状態まで作り込まれ、リアリティが増す。これにより、ユーザーの嗜好や周囲との調和も確認可能となる。ほぼ完成形に近いプロトタイプなので、課題の解釈や構築したコンセプト、そしてアイデアについての仮説を検証することができる。

第 7 章　スケッチングとプロトタイピング

（3）体験のプロトタイプ

　形あるモノではなく、そのモノやサービスを使うことによって得られる体験を表現したプロトタイプのことである。これは、社会が抱える課題に広くアプローチするソーシャルデザインといった活動や行為におけるプロトタイプでもある。アイデアによって生み出される体験を他者に伝えて反応を見ることが目的となる。時間経過に伴う環境や周囲の人たちの行動・心の変化といった体験を表現するためには、カスタマージャーニーマップ（p.80、4–3–3 参照）などのシナリオ作成、簡単な絵によるストーリー作成、また、それを演じたり映像にすることも有効だ。特に、プロダクトを使用した際の体験を映像化したものをビデオプロトタイプという。近年、コマーシャルはドラマ仕立てになっていることが多いが、ただ製品の説明をするのではなく、それを使った際の人々の反応や感情をストーリーで表現することで強い共感を生むためだ。また、コンセプトの可視化においてもビデオプロトタイプは大きな役割を果たすだろう。

　これらのプロトタイプは、クライアントやステークホルダーとのコミュニケーションを促進し、実現可能性や市場での受容性を評価する機会を提供する。さらに、プロトタイプを示すことで、関係者や投資家の関心を引くことができるため、資金確保において効果的である。このように、プロトタイプの目的は見た目や機能の検証にとどまらず、人々の行動や感情、コミュニケーションの形、資金調達など、プロジェクト全体を成功に導く役割にまで及ぶ。ただし、プロトタイプの作成に過度にこだわると、人的コストや時間的コストが増大し、結果として開発が遅れたり予算を圧迫したりする可能性がある。プロトタイプはあくまで検証用であり、製品の最終仕様を決定することを目的として作成すべきである。テストを通じてユーザーからのフィードバックを直接得ることは効率的であるが、その際にユーザーからの要望が増加したり高度化したりするリスクも伴う。したがって、最終仕様のすり合わせを行いながら要望を見

7-3 プロトタイピング

極めることも重要である。

コラム　メイカームーブメントと AI の登場

　もの作りの現場がオンライン化し、2006 年頃にレーザーカッターや 3D プリンターなどを用いて、デジタルデータを基に創造物を製作するデジタルファブリケーションが登場した。今まで工場でしか作れなかった複雑に切り抜かれたパーツや樹脂製の立体モデルが、各地のファブラボ* を利用したり、3D プリント出力サービスにデータを送るだけで個人でも気軽に製造できるようになった。また、オープンソースハードウェアの Arduino（アルデュイーノ）などのマイコンボードや Raspberry Pi(ラズベリーパイ)といった小型コンピューターの登場によって、高度な専門知識や設備がなくても電子工作をすることができ、個人で製品を製造することも可能になった。特にセンサーやモーターを電子制御したり、インターネットや無線制御して動かすデバイスなどを自宅などの環境でも作れるのが特徴である。これらの技術は空間やモノとコンピューター上の仮想世界に対話を作り出す IoT（Internet of Things）におけるフィジカルコンピューティング** の分野で注目されている。このような環境の変化を背景に、個人の創作活動を中心としたメイキングやティンカリング[7] といった潮流が生まれた。メイカームーブメントを提唱したクリス・アンダーソンは、アイデアがオンラインコミュニティで公開され、オープンイノベーションを通じて世界中の仲間と共創できるようになったと述べている[8]。これにより、あらゆるもの作りのスキルやコツなど、個人の培った経験や情報の交換・共有ができるようになった。製造業が民主化され、大量生産ではない個人の望むもの作りが可能になってきた。

　さらに、AI の登場によって、私たちが話す自然言語で機械とのスムーズな対話ができるようになった。今では言語以外にも画像・音声・動画を使って対話ができるマルチモーダル化*** が進んでおり、文章、イラスト、映像、音声、プログラムなど多くのものを生み出すことができる。AI はインターネットにつながれた大規模言語モデル（LLM）を活用することで、日々膨大なデータから学習して訓練することにより、様々なコンテンツを認識し、翻訳し、予測し、生成する。AI の登場は、デザインの分野にも大きなインパクトを与えている。今後は本書で紹介している内容についてもその一部を AI が代替したり相乗効果を与える可能性がある。ぜひ AI が得意とすることやその可能性を理解し、人間と AI の

第 7 章　スケッチングとプロトタイピング

役割分担を考えてデザイン思考の実践に応用していってほしい。

---

* レーザーカッターや 3D プリンタなどの工作機械を個人が利用できる施設・工房のこと。カフェなど
　を併設していたり、教育機関に設置されていることもある。
** 人間と機械がコミュニケーションをする際に、キーボードやマウスだけではなく様々なセンサーを
　用いて、音声や表情や動作を読み取って操作・制御することを指す。
*** 心理学において、人間の脳が情報を知覚する手段、方法、様式をモダリティという。視覚や聴覚な
　ど五感によるモダリティのほか、言語などの抽象的な情報を知覚するモダリティもある。複数の異
　なるモダリティを同時に収集し統合することをマルチモーダルという。

7-4 テスト・評価

　スケッチができたら、机の上に並べて眺めてみよう。共通するも
のは何か、コンセプトが明確になってきているか、あいまいにして
いたところはないか。これまでの調査から導き出した課題に対する
自分のアイデアの良し悪しがわかってくる。一晩寝かしてみるのも
よい。昨晩はすごいアイデアだと思って興奮していたのに、今日は
それほどでもないものに思えることはよくある。また、あまり長い
時間ひとつのアイデアにとらわれていると、自分で良し悪しを判断
できなくなることもある。そんなときは、ほかの人に見てもらうと
よい。できれば専門家や複数の人に意見をもらおう。きっと自分で
は気がつかなかった点が見えてくるはずだ。

　プロトタイプを作るところまで進んだら、被験者に実際に試して
もらい具体的な項目（後述）に沿ったデータをとって評価をする。
予想通りに機能するのか、被験者の反応はどうか、自分のアイデア
について客観的に評価できる。プロトタイプのテストも、時間と予
算が許す限り、複数の人に関わってもらい実施することが大切だ。

　もしあなたが初学者なら、意見やデータが多いほど、気づきを得
る機会が増え、それらが経験として蓄積されていくだろう。そのた
めにも、プロジェクトの段階に応じ、その都度できるだけ適切な方
法でテスト・評価を実施することを勧めたい。アイデアが評価され
ることによって、対象者の立場になって考えられるようになり、よ

り深い共感が生まれ、具体的な解決策が見えてくるはずだ。

　テスト・評価の方法は、デザインする対象、目的、段階に合わせて様々なものがあり、**定性評価**と**定量評価**に大別できる。**定性評価**は、数値化できない対象を評価することを指す。例えば、そのデザインが人々に受け入れられるか、自分の仕事に対してどのくらいやりがいを感じているかなど、主観的なデータに基づくことが多い。そのため、評価基準があいまいになりやすく、バイアスがかかりやすい点に注意が必要となる。**定量評価**は、数値化できる対象を評価することを指す。例えば、そのデザインがどれだけの人に利用されているか、費やした時間や売上など、客観的なデータに基づく。定量評価では、評価対象が切り分けられ、数値化できる限られた範囲についての評価になりやすく、全体の進行状況やその背後にある要因は考慮されず評価対象にはならない。そのため、現時点で多くの人が利用していたとしても、本当にそれがよいと考えられているか、どういう理由で選ばれているのかといった点は考慮されないので注意が必要である。

定性評価：数値化できない対象を評価すること。主観的な定性データに基づく。
定量評価：数値化できる対象を評価すること。客観的で量的な定量データに基づく。

　テスト・評価に関しては、客観的に判断できる定量データを集めなければならないと考えるのが一般的かもしれない。しかし、これは評価対象が明確な場合に限って有効なものである。例えば、エレベーターの改善に際して、「より便利にする」ことを目的に定量評価を実施すると、時間の短縮や安全性、輸送能力の向上といった定量的なスペックの追求につながりやすい。一方で、デザイン思考においては、単に効率性や機能性を追求するだけではなく、人々の心

に影響を与え、ポジティブな感情を引き起こす定性的な観点も重視される。このため、エレベーターの利用時間をより楽しいものにするために、室内に映像を流して楽しい体験を提供したり、鏡を設置して身だしなみをチェックできるようにするなど、エレベーターに乗っている時間の質を変容させるアイデアも考えられる。時間の短縮は確かに重要な要素のひとつであるが、それだけではエレベーターに乗る体験の質的な改善にはつながらない。定量データを求めることは有益ではあるが、感情や体験を重視した改善策は、定量評価からは導き出せないことが多い。

特にアイデアからコンセプトを策定する初期段階では、むしろ定性データに着目した評価を繰り返す方がよい。多くのイノベーティブなデザインが根拠にしているのは、**潜在的欲求**（p.74、4–3–1 参照）や感情というあいまいで捉えにくいものである。そのため、人の心という心理量と、サイズ、機能、スペックなどといった物理量の多次元的な評価が不可欠なのである*。

テスト・評価のタイミングは、どのくらいの頻度でデザイン上の決定が必要になるかによる。そのため、その都度、適切な規模のテストを繰り返し、アイデアを評価していこう。テストや評価を後にすればするほど、問題が発覚した際、修正が難しくなることを覚えておいてほしい。では、代表的なテスト・評価の方法を紹介する。

7–4–1　インスペクション評価（定性評価）

インスペクション評価は、専門家にチェックしてもらい、そのデザインが実際にうまくいくのか、またコンセプトやアイデアが妥当かどうかに関するレビューをもらう定性評価である。インスペクションとは、問題を見つけるために行う検査や点検という意味であ

---

* 心理量と物理量：心理量は、心の働きに関連するもので、主観的な体験に基づく定性データである。物理量は物理的な現象や特性に関連するもので、普遍的な単位を用いて表現される客観的な定量データである。

る。スケッチや簡易なプロトタイプ、仕様書のみでも評価ができ、被験者を必要とせず、短時間で手軽に行える評価方法のため、デザインの現場で広く実施されている。インスペクション評価は、幅広い観点で行われ、潜在的な問題に気がつくことが目的といってもいい。そのため、スケッチなどの早い段階で実施することが重要である。これに対して、時間をかけて詳細に作り込まれたプロトタイプで実施されるユーザーテストは、評価項目が具体的に絞り込まれているため、このような初期の構想段階における問題を見落としてしまうことがある。

(1) エキスパートレビュー

インスペクション評価の代表的なものとして、エキスパートレビューがある。これは、関係する各分野の専門家などを含む第三者に対して自分が考えたアイデアをプレゼンテーションして評価をもらう方法だ。学生なら教員などから意見や指摘をもらう講評会がこれにあたる。豊富な経験や知識のある評価者＝エキスパートがレビューすることで、ユーザーが使用する際に起こり得る問題、使っている間の感情の変化、競合製品との差別化、生産過程における問題など、潜在的な問題が発見できるだろう。

エキスパートレビューと似た評価方法として、デザインを行う企業では、当該分野について経験のある同僚（ピア）や研究者にチェックしてもらう手軽なピアレビューから、ISO 9000 シリーズや日本産業規格（JIS）に基づく製品の設計上の問題点を審議したり、生産から廃棄に至るまでの一連の流れの妥当性を評価する組織的で規模が大きいデザインレビュー（DR）まで、様々なレビューが行われている。

注意点

ピアレビューでは、いつも気心の知れた仲間に頼って場当たり的に実施してしまうことがあり、評価の観点があいまいになりがちだ。

そこで、評価者は、**濃い記述**や **5 モデル分析**（p.51、3–2–2、p.55、3–2–4 参照）の結果を把握し、問題に対する知識を深めておくとよい。また、評価の観点についてあらかじめリストを用意して実施するとよい。

（2）ヒューリスティック評価

　設計のためのガイドラインに基づいたチェックリストを用意し、専門家に評価を行ってもらうメソッドをヒューリスティック評価という。チェックリストの各項目を確認することで、漏れなく問題を発見する定性評価である。チェックリストの利用により、評価者間のバラツキを低減し、効率的な評価が可能となる。例えば、アプリケーションや Web サイトなどのインターフェイス開発におけるユーザビリティの評価で、**ニールセンの 10 のヒューリスティック**などの項目が広く用いられている。ヒューリスティック評価はインターフェイス開発に限定されず、評価対象に応じて適切なチェックリストを作成すれば、様々な分野で適用可能な方法である。この柔軟性により、各企業は蓄積してきた知見からオリジナルのガイドラインやチェックリストを作り、様々な製品やシステムの評価に活用している。

ニールセンの 10 のヒューリスティック[9]

① *システム状態の可視性：迅速なフィードバックによってシステムの状態を明確に伝え、継続的なやり取りを通じて信頼を築く。*

② *システムと実世界の一致：ユーザーに馴染みのある言葉や概念を使い、情報を自然な順序で提示する。*

③ *ユーザーの制御と自由：「元に戻す」などの明確な中断方法を提供することで、ユーザーは自由度を感じることができる。*

④ *一貫性と標準化：言葉、状況、アクションの一貫性を維持し、業界標準や慣例に従うことで悩む必要をなくす。*

⑤ *エラー防止：確認オプションを提示することでエラーを未然に*

防ぐ。
⑥ 思い出すよりも認識できるように：情報を思い出す必要がないように、簡単に表示または取り出せるようにする。
⑦ 柔軟性と効率性：操作をカスタマイズできたり、ショートカットを提供したりして、自分に合った方法を選べるようにする。
⑧ 審美的でミニマルなデザイン：ユーザーが必要としている情報に集中できるよう、余計な要素を排除する。
⑨ ユーザーのエラー認識とそこからの回復：エラーメッセージは、わかりやすい言葉で目立つように示し、解決策を提案する。
⑩ ヘルプとドキュメント：システムは追加の説明がなくても使えるのが理想だが、必要な場合はヘルプやドキュメントで支援する。

ヒューリスティック評価は、エキスパートレビューと同じく、評価者の経験や知識がその問題に対して豊富であればあるほど有効に働く。ヒューリスティック（heuristic）という言葉は、ギリシャ語で「わかった」「発見した」を意味するエウレカ（eureka）が語源となっている。古代ギリシャの数学者アルキメデスが、風呂に入ると水があふれることから王冠の体積を知る方法を思いついた際に叫

図7.17　エウレカ！

第7章　スケッチングとプロトタイピング

んだとされるエピソードで有名な言葉だ（**図7.17**）。このことから
もわかるとおり、ヒューリスティック評価を行う評価者は、用意さ
れた設問にただ答えていくのではなく、潜在的な問題を「発見する」
という意識で行おう。

注意点

　チェックリストに基づく評価ではあるが、評価者の知識や経験に
基づくため、見解が必ずしも正しいとは限らない。また、リストの
項目に含まれない問題を見逃してしまう可能性もある。既存の
チェックリストでは、新しいアイデアや革新的なデザインに対して
柔軟性に欠ける場合がある。

（3）認知的ウォークスルー法

　認知的ウォークスルー法は、被験者を必要としないエキスパート
レビューやヒューリスティック評価とは異なり、開発者や専門家が
実際のユーザーになりきって評価を行うメソッドである。ウォーク
スルー（walk through）とは、直訳すると「歩いて通る」だが、「順
を追う」「リハーサルを行う」という意味がある。この方法では、
スケッチやプロトタイプを使用して、デザインがどのように操作さ
れるか、利用できるかを評価する。評価者は、特定のシナリオに基
づいてステップごとにデザインを体験し、ユーザーの視点から操作
性や理解しやすさを評価する。このプロセスにより、ユーザーが直
面する可能性のある問題や混乱を早期に発見し、改善点を明確にす
ることができる。最終的に行われるユーザビリティテストと似てい
るが、実際の対象者、空間、完成品がなくてもロールプレイによっ
て実施されるため、費用やスケジュールの面からも比較的容易に
様々な評価ができる。

　デザイン思考によって生み出されるものは、そもそも誰も知らな
いものなので、この方法は有効である。これはメンタルモデル（p.68、
4-2参照）でも触れているように、一度経験して覚えることができ

143

れば次から行動変容を促せるような新規のメンタルモデルを提供するためのヒントになる。一方で、既知のメンタルモデルを利用しているデザインは、この方法で評価するのは適さない。すでにわかっていることを確かめるだけの作業になってしまうだろう。

　認知的ウォークスルー法の実施はファシリテーター（進行役）が環境を整えて、評価者が自発的に作業を行えるようにするワークショップ形式で行われる。評価者は実際の対象者でなくてもよい。ただし、実際の対象者や想定したペルソナ（p.84、4-3-4 参照）の気持ちになって行動や反応を模倣する必要がある。またスケッチや機能まではもたない簡易のプロトタイプ（ペーパープロトタイプなど）で行うため、それが機能することを想定して臨む必要がある。

・実施手順

　ワークショップの参加者は、開発者や専門家などのエキスパート、プロジェクトに関わる人で構成する。実際のユーザーや対象者でなくてよい。

① 課題の選定

　あらかじめ想定しているデザインにおける評価したい課題を選定しておく。あとで評価者が評価しやすいように課題ごとの評価項目や質問を用意しておくのもよい。ヒューリスティック評価の項目を参考にしてもよい。

② シナリオの作成

　実際のユーザーがその課題を達成するためのシナリオや手順を作成する。ユーザーがどのような状況に直面するかを具体的に示す。

③ ウォークスルーの実施

　参加者の中から次の作業を促すファシリテーターを一人決めて、スケッチやプロトタイプを使ってシナリオに基づいて手順を実行

し、その他の評価者に示していく。ステップごとに進行を止め、評価者が各ステップでどのようにそれを利用するかを確認する。

④ 認知的評価

評価者は、各ステップで実際のユーザーがどのように認識し行動するのか解釈し、直面する可能性がある認知的な問題や障害を評価する。あらかじめ用意した課題ごとの評価項目に基づくと、評価がスムーズに行える。これには、以下に挙げるように、ユーザーが次に何をすべきかを理解できるか、アクションが適切かどうかを確認することが含まれる。

・ユーザーは、それが課題を解決するために必要なものだと理解できるか
・ユーザーは、ステップを進めるために必要な要素を見つけることができるか
・ユーザーは、その機能を理解し、使うことができるか
・ユーザーは、アクションによって起こったことからステップを正しく前進させているとわかるか

⑤ 問題の特定と改善

見つかった問題に対して改善策を考え、デザインを改良する。

注意点

評価者の知識や経験に基づくため、解釈が必ずしも正しいとは限らない。また、実際の利用状況とは異なる部分が出ることがあり、全体的なユーザー体験を反映しきれないことがあるため、重要な問題や改善点を見落とす可能性がある。

コラム　メソッド演技法

演劇の世界には、リー・ストラスバーグによる「メソッド演技法」が存在する。この演技法は、俳優が自然でリアリティのある演技をするために、役になりきり、

145

感情を操ることを目的とした理論である。物語の中の登場人物に憑依するような演技の方法だ。ニューヨークの「アクターズ・スタジオ」出身の俳優たち、例えばマーロン・ブランド（『波止場』、1954 年公開）やジェームズ・ディーン（『エデンの東』、1955 年公開、『理由なき反抗』、1955 年公開）、ポール・ニューマン（『ハスラー』、1961 年公開、『明日に向かって撃て！』、1969 年公開）などは、この理論を基に演技を行っている。従来の演技は、喜怒哀楽を表面的に模倣するものであったが、メソッド演技法は役柄の徹底的なリサーチを行い、自己の内面を掘り下げ、感情の記憶を呼び起こすことで役になりきることを重視する。この理論は、ロシアの演劇家コンスタンチン・スタニスラフスキーが提唱した俳優の教育法である「スタニスラフスキー・システム」を受け継いでおり、俳優は意識的に思考や意思を追い込み、心理的な変化が引き起こされる。これにより、五感と感情の記憶を駆使して「役を生きる」ことが実践される[10]。

　マリリン・モンローをはじめ、この演技法によって心身に不調をきたしたり、命を落としてしまった俳優までいるという。役に入り込みすぎるのはやはり危険なのだが、このように、想像力や芸術が人間の潜在意識にまで影響することには驚かされる。また、スタニスラフスキーの時代は、フロイト心理学（p.63、4–1–2 参照）が登場した時期とも重なり、とても興味深い。

　さて、デザインも新たな体験を作り出す行為である。では体験のプロトタイプ（UX* のプロトタイプ）はどのようなものになるだろう。形あるものからではなく、今はまだないものによる人の動き・感覚・コミュニケーションを考えなくてはならない。今はまだないものをあるように見せる方法が必要だ。映像や VR の技術を活用するのもよいだろう。究極的には、落語や能のような想像上のプロトタイピングができたら面白いかもしれない。あえてモックアップを作らず、あたかも目の前にあるかのように演じ、身振り手振りと話術だけで世界を表現する。演じることで目的達成までの実際の流れ

---

* UX（user experience）とは「ユーザーエクスペリエンス」の略で、製品やサービスを通じて得られるユーザー体験のことを指す。製品やサービスを利用している間だけではなく、利用前や利用後のユーザーの体験や反応も含む幅広い概念である。またユーザー体験をデザインする分野を UXD（user experience design）という。

や手順を形作る。流れや手順ができると、人の動き（行為）や感覚・感情の変化が観察でき、また辻褄が合わないことをあぶり出すことができる。そしてメンバー全員が想像力を働かせてコンセプトを共有する。人間の想像力は架空の生活ですら感じ取ることができるのだ。

7–4–2　ユーザーテスト（定量評価）

　想定される対象者に対して、完成品と同じように機能するプロトタイプや実際のプロダクト、サービスを使い、特定の作業を実行する様子を定量的に確認するのがユーザーテストである。つまり、対象者が、デザインに対して、想定した課題を解決できるか、仮説通りに目的を果たせるかを判断する。

　ユーザーテストの評価対象は具体的に設定しておく必要がある。プロダクトなら、形状、色、質感、重さ、動作が正常かどうか、ボタンの押し心地などを検証する。アプリケーションソフトウェアなら、実際に機能するプログラムを実機で実行してテストを行う。このようなテストを通じて、個別の具体的な問題点を発見することが目的である。テストを重ねることにより、それらの問題がクリアされれば、ようやく最終工程で製品化される。

　ただし、ユーザーテストでは、新しい体験をもたらす画期的なデザインかどうかや、このプロダクトが市場で成功を収めるかどうかは判断できない。つまり、ユーザーテストで全ての評価項目をクリアし、問題がないと判断されても、本当にイノベーションを起こすような優れたデザインかどうかは、市場に出して多くの人々の反応を見なければわからない。デザイン思考は、イノベーションの種を見つける可能性を高めるための道標となるが、生み出されたデザインの真価は社会実装してからが本番となる。

［中野希大］

参考文献

1) IDEO HP：7 Principles to Guide Your Prototyping
   https://www.ideo.com/journal/7-principles-to-guide-your-prototyping

2) ダン・ローム（著）、住友　進（訳）：描いて、見せて、伝える　スゴイ！プレゼン、講談社（2015）

3) 筧　裕介（著）：ソーシャルデザイン実践ガイド―地域の課題を解決する7つのステップ、英治出版（2013）

4) キャロリン・スナイダー（著）、黒須正明（監訳）：ペーパープロトタイピング―最適なユーザインタフェースを効率よくデザインする、オーム社（2004）

5) ベン・フライ、ケイシー・リース（著）、中西泰人（監訳）、安藤幸央、澤村正樹、杉本達應（翻訳）：Processing―ビジュアルデザイナーとアーティストのためのプログラミング入門、ビー・エヌ・エヌ（2015）

6) マッシモ・バンジ、マイケル・シロー（著）、船田　巧（訳）：Arduino をはじめよう 第4版、オライリー・ジャパン（2023）

7) カレン・ウィルキンソン、マイク・ペトリッチ（著）、金井哲夫（訳）：ティンカリングをはじめよう―アート、サイエンス、テクノロジーの交差点で作って遊ぶ、オライリー・ジャパン（2015）

8) クリス・アンダーソン（著）、関　美和（訳）：MAKERS―21世紀の産業革命が始まる、NHK 出版（2012）

9) Nielsen Norman Group HP："How to Conduct a Heuristic Evaluation"（2023）https://www.nngroup.com/articles/how-to-conduct-a-heuristic-evaluation/

10) エドワード・イースティ（著）、米村　哲（訳）：メソード演技、劇書房（1978）

第8章

プレゼンテーション

8–1 プレゼンテーション

第 6 章でチームとしてまとめたアイデアは、第 7 章でプロトタイピング、テストを繰り返し行うことによって、カタチになってきた（ここでいうカタチとは、必ずしも物理的な形ばかりではなくサービスの仕組み、仕掛けなども含んだ大きな意味でのカタチ、姿、有り様のことだ）。

プロトタイピングから実際の製品として作り始めるためには、まだいくつものステップがあり、通らなければならない関所がある。

そのうちのひとつは、会社内の企画・開発であれば、製品化に対して Go を出す人々（通常は役員クラス）などに向けたプレゼンテーションである。

スタートアップ企業であれば、プレゼンテーションの対象者は投資家であり、競合コンペティションの場合には、クライアントである組織や個人に向けたものになる。

8–1–1　プレゼンテーションの前に

新しいモノまたはサービスを作るためのプレゼンテーション、を

8-1 プレゼンテーション

MBA* 的に、短期的マーケティングを中心に考えれば、必要になるのはまず事業計画書(ビジネスプラン)** だろう。しかし少し乱暴な言い方をすれば、事業計画は後から考えればよい。事業計画を先に作ると、どうしても失敗したときのリスクを先に計算してしまい、「損失を一番少なくするために、製品を本格的に設計・制作するためにかけられるコストをここまでに抑える必要が…。」というようなプレゼンテーションができあがってしまう。そんなプレゼンテーションを、いったい誰が聴きたいだろうか。

イノベーションを起こそうというような、今までにはない全く新しいモノやサービスを生み出すことに、リスクが伴うことは当たり前だが、プロトタイピング（p.133、7-3 参照）ではコストを意識しながらモノ・サービスをデザインしてきていることを忘れてはならない。

そしてそのうえで、カタチにしていくことが望ましいワクワクする製品を、プレゼンテーションするのだ。

プレゼンテーションの中身を作る前に、少し時間をかけて考えてみよう。販売が開始されてから何年後かに、この製品（モノまたはサービス）が世の中にあふれ、関係する業界や、それに付随する様々なビジネスが新たに生まれ、ひいては世の中全体が変化している未来を想像してみよう。

もしそのようなワクワクできる未来が想像できなかったり、想像の中で気になることがあるとしたら、まだこのモノまたはサービスには、足りない何かがある可能性が高い。今すぐどこかの章へ戻って、デザイン思考のプロセスのどれかをやり直してみよう。

---

* 経営学修士（Master of Business Administration：MBA）

** ビジネスにおける事業の達成目的、目標、達成する計画・過程を示した文書。特に資金、執行、売上、利益などの金銭計画について綿密な計画が求められる。

第8章　プレゼンテーション

8-1-2　どんなプレゼンテーションを聴きたいか

　プレゼンテーションを聴く側の人々（聴き手）は、どのようなプレゼンテーションを聴きたいのか、考えてみよう。

　第7章でのプロトタイピングとテストを繰り返したプロセスの中で、テストしたユーザーからの好意的な評価が確認できれば、経営を判断する立場の人たちに対して強い説得力をもつだろう。

　と同時に、そのようなプラスのユーザー評価の結果を聞いたら、その評価された場面を、自分でも体験して確認したくなるのではないだろうか？

　特にデザインのテスト（評価）であるヒューリスティック評価や認知的ウォークスルー法（p.141、143、7-4-1 参照）などは、定性評価であるため、「本当にそのような高評価をもたらす何かが潜んでいるのだろうか？」と確認したい気持ちが生まれやすい。

　プレゼンテーションでは、この状況で、その確認ができるような体験をしてもらうことが、最大の効果をもたらすのだ。

8-1-3　プレゼンテーションの内容

　もう少し整理して、どのような内容をプレゼンテーションしていけばよいのかを順番に説明する。

① まず、提案するモノまたはサービスが何なのか、すなわち、今から、何についてのプレゼンテーションをするのか、を一般的でわかりやすく伝えることからスタートしたい。

　聴き手は、一定の時間拘束され話を聞かなくてはならない。つまらない話だったら目を背けてほかのことを始めたい、くらいの気持ちだ。だから、話が始まったらすぐに、今からどんなモノまたはサービスが提案されるかを早く知って、最初に自分の頭の中にあるその

151

モノまたはサービスに関連しそうな知識の引き出しを開ける準備を
したいと考えている。

② モノであればプロトタイプを見せる。サービスであれば、その
サービスの利用シミュレーションとしてのプロトタイプ（ビデ
オプロトタイプによる実写映像や簡単なアニメーションなど）
を見せる。

　聴き手は、提案されるモノが、どのくらいの大きさで、どんな色
や形で、どんな素材でできていて、というような実態を知りたい。
サービスであれば、そのサービスを利用することで、どんな便益を
どのような使い方で受けられるのかを知りたい。言葉でモノやサー
ビスについて聞いても何となく感覚的で、ぼんやりしたイメージの
ままなので、できるだけリアリティを高め、頭の中のイメージを明
確にしていきたいと考えている。そうすることで、自分の頭の中の
引き出しに入っている知識の中の、似ている製品と比較して考えた
いからである。

③ 提案するモノまたはサービスの今までにはない大きな特徴を伝
える。そのモノまたはサービスを利用すると、今までにはない
どのような新しい体験ができるのかを、できるだけわかりやす
く見せる。

　見せる、と書いたが、ここで伝えたいのは新しい体験なので、こ
の段階ではできれば見せるだけではなく、プレゼン対象者である役
員（経営陣）の誰かに、体験してもらう準備をしておくのがよいだ
ろう。
　聴き手は、そのモノやサービスを利用すると、何が起こるのか、
どのような新しい体験ができるのかを知りたい。そして、既存の製
品とどのように異なるのかを知りたい。それを知ってもらうために

第8章 プレゼンテーション

は、体験してもらうことが一番直接的で効果がある。当然だが、ワクワクするデザインがなされた提案であればあるほど、確実に体験できるよう、準備を綿密に行っておく必要がある。

このような、デザイン思考を用いて提案する新しい体験を、下支えする情報として、最後に次のコストに関する情報を短く伝えることで、より説得力の高いプレゼンテーションにしていくことが可能だ。

④ ここで初めて運用計画であるコスト（ヒト・モノ・カネ）の大まかな話をする。プレゼンテーションの段階で、綿密なコスト計算は立てられない。運用できるコストの範囲内であれば、基本的に問題になることはない。

聴き手は、経営やコストに関する知識の豊富な人が多いので、この段階で細かいコスト計算ができないことはわかっている。提案が採用され製品化されることになれば、実施設計段階で様々なコストカットをするためのメソッドが企業ごとにある。プロトタイピング（p.133、7–3 参照）でコストや運用についても意識しながらデザインしてきているので、そこでの検討内容をベースに、ここでは、運用・コストについての意識をもった提案である、ということが大まかに伝わればよい。

コラム　イケアのデザイン

スウェーデンの家具メーカーで世界中に店舗のあるイケアでは、製品である家具の最終デザインは、パッケージングと運送・保管を含めた物流計画まで考えられている。できる限り小さなひとつまたはいくつかの箱に家具のパーツが入れられるように、パーツの強度とサイズ、パーツの分け方、さらにそれらの箱が、運搬用のコンテナにできるだけたくさん入るようにデザインすることで、遠い国々まで届けても、安価に販売できるようなデザインが行われている**（図 8.1）**。イケアでは、基本的にユーザーが製品を自分で組み立てることが前提で販売されている。世界中の誰でもが組み立てられるようなパーツ構成になっていることでコス

トが抑えられていることも重要だ。

　デザインされているのは、製品そのものだけではないのだ。

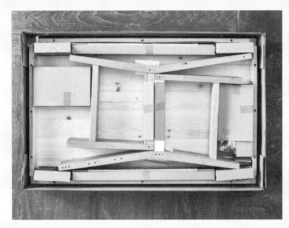

図8.1　イケアパッケージ
　　　　フラットパック
〔イケアHP：「フラットパック革命の始まり」https://www.ikea.com/jp/ja/this-is-ikea/about-us/our-heritage-pubad29a981 より〕

8−1−4　プレゼンテーションの背景

　とはいえ、どのような規模にせよ企業組織では、日々刻々と内部事情が変化しているので、これを行えば必ずうまくいくというようなプレゼンテーションの方程式は存在しない。また社会的背景となる経済や政治の動向、国際的な流れ、突発的な天変地異なども含め、世界はますます複雑に変化し続けている。

　このような不安定な社会情勢の中で、たった1回のプレゼンテーションだけで新しい提案が（特に保守的な企業経営陣に）受け入れられることは、まれといってもよい。1回2回のプレゼンテーションで採用されなくても、落ち込んだりする必要はないが、採用されなかった原因について、自分たちなりの仮説を立ててみよう。可能であれば、少し時間が経ってからプレゼンテーションした相手の誰かに聞いてみるとよいだろう。そして、それを次に活かすことが重要だ。

　また、聴き手である役員（経営陣）は、過去の成功をもとに今の

第8章　プレゼンテーション

地位に登ってきている人がほとんどであり、前述した通り彼らは、過去の知識と提案内容を比較しながらプレゼンテーションを評価する。

　しかしデザイン思考によってイノベーションを起こそうとするようなモノまたはサービスは、今までには存在しない新たな経験をもたらすため、彼らが過去に生み出した、すでに今世の中に存在する製品を否定し、彼らの頭の中にある知識を否定してしまう可能性が高い。

　そこで、①〜③ の段階では、聴き手が、顕在化された過去の成功との比較ではなく、その提案によってどんな課題が解決されるのかを理解し、その特徴がもたらす感情の動きに共感し、それを体験することで、その体験を何度もやってみたいと思ってもらうための、しっかりとした準備が必要だ。

　そして ④ の最後の段階では、運営やコストについても意識された堅実な提案であるという印象を与えるようにまとめる。

　プレゼンテーションは、大まかにいえば、8–1–3 のような４つの段階に分けられるが、それぞれを伝えるための一番伝わりやすいメソッドを選ぶ必要がある。

　プレゼンテーションというと、スライド作成ソフトを使ってスライドを作り、その画面をプロジェクター投影や大型モニターで見せながら話すこと、というイメージが強いが、全てをスライドで作って伝えることがベストかといえば、必ずしもそうではないはずだ。

　特に ②〜③ の段階では、相手に、プロトタイプを見せ、可能であればそのモノで体験してもらいたい。プロトタイピングを行う時点から、プレゼンテーションのことを意識して準備するとよいだろう。

155

8–1–5 サービスのプレゼンテーション

モノの場合は、実体のあるプロトタイプを見せることが可能であるが、サービスの場合は、どのような方法があるだろうか？

新たに提案するサービスは、現時点でそのサービスはまだ存在しないので、聴き手にとって、理解するためのハードルが高い。

そこで、次のように考える。

① そのサービスを利用すると、どのような便益や新たな体験があるのか？　についてのシナリオをしっかりと作る。

② そのシナリオの実演をデザイン思考チームで行えるように練習する。チームの全員がシナリオをしっかりと理解する必要がある。

③ そのサービスはどのように使えるのかというシミュレーションができるような簡便な CG やスケッチ、紙芝居、ビデオ、アニメーションなどのメソッドを検討する。

④ 様々なテクニックの中から、「手っ取り早い」「安い」「効果が高い」の 3 つの要素のバランスを考えて、メソッドを選びシミュレーションを制作する。

⑤ ④ で制作したシミュレーションを使って、② の実演を行い、その様子をスマートフォンの動画で撮影する。

プレゼンテーション時には、⑤ の動画を見せ、その後、その中で使った ④ のシミュレーションを相手に手に取ってもらったり見せたりすることで、擬似体験してもらう。この ④、⑤ についてもプロトタイピングを行う時点で意識して進めていくことが望ましい。

8–1–6 変化し続けるプレゼンテーションのメソッド

ここで提示したプレゼンテーションの内容やメソッドは、あくまでひとつの切り口でしかない。とてつもない速度で進化している

AIなどの技術によって、効果の高い新たなメソッドは次々と生まれている。これらのメソッドや内容、順番に縛られることなく、プレゼンテーションについてもデザイン思考的に新たなアイデアを発案し、恐れることなく積極的に活用して、自分たちが考え出したワクワクする新しい製品を伝えるためのプレゼンテーションを編み出してほしい。

TED*に何度も登壇し、魅力的なプレゼンテーションをすることで有名なハンス・ロスリングのプレゼンテーション（**図8.2**）を、ぜひ参考にしてほしい。

図 8.2
〔TED : Global population growth, box by box / Hans Rosling（2010）
https://www.ted.com/talks/hans_rosling_global_population_growth_box_by_box より〕

彼のプレゼンテーションに登場する様々なツールは、近所のホームセンターで買ってきた棚の収納ボックスや、自動車、自転車、飛行機のおもちゃ、ビーチサンダル、中に人が入っている、木の板で作られた洗濯機などのアナログ的なアイテムから、プロジェクターで写す映像では、統計データを、美しい色と変化を効果的に見せる

---

* Technology Entertainment Design の頭文字をとった名称。毎年大規模な世界的講演会「TED Conference」を開催している非営利団体の名称であり、この講演会のことや講演会での講演（プレゼンテーション）のことを TED と略して呼ぶことも多い。1984 年に、リチャード・ソール・ワーマンとハリー・マークスによって設立された。講演者は、マイクロソフト創業者で会長のビル・ゲイツや元アメリカ合衆国副大統領のアル・ゴア、イグノーベル賞の創設者であるマーク・エイブラハムズなど著名人から、無名な人物まで幅広い。講演の採択にあたり、最も重視されているのはアイデアであるといわれている。

形体で表示しアニメーションできるように独自に設計したデジタルなソフトウェアまで、あらゆる手段を使って、彼が解決すべき課題として設定している人口問題について語りあげる。そしてそのプレゼンテーションからは、彼の真摯で前向きな姿勢や、楽しさまでもが滲み出てくるのである。

　プレゼンテーションを行った皆さんのチームの製品案が、無事に承認され、製品として作り出されることを期待する。

　ここで、iPhone が誕生するかなり前の 2001 年に NHK の番組*に出演したスティーブ・ジョブズのセリフを引用する。

時々、会社を起こしたいという人が相談に来ます。理由を尋ねると金儲けをしたいと答えるのです。こういう人には、やめた方がいいとアドバイスします。お金が目当てで会社を始めて成功した人を、私は見たことがありません。まず必要なのは、世界に自分のアイデアを広めたいという想いです。それを実現するために会社を立ち上げるんです。

　プレゼンテーションが無事成功すれば、提案したモノまたはサービスを正式に製品として作り始めることができるようになる。ここからは、モノまたはサービスの実施設計（現実的に作るための、詳細を詰めた設計）を経て、プロダクトの生産、サービスのためのプログラムなどの制作という多くの人手、多くの予算や時間を使ったプロセスになる。

　デザイン思考によってチームで生み出したモノまたはサービスが、実体化する。ここから先は、流通、広報、マーケティングという、販売に関連するプロセスとなり本書では扱わない。

　ここまでくれば基本的なデザイン思考のプロセスはひと区切りである。

---

* 2001 年に放送された NHK クローズアップ現代「パソコン界の先駆者　そのベンチャー精神に迫る」を放送開始 30 周年記念で 2023 年 12 月 19 日に再放送したものから。

コラム　デザイン思考の歴史

　デザイン思考という言葉は、"Design Thinking"という言葉を日本語に翻訳した言葉である。Design Thinkingという言葉が世に登場したのは、1987年にピーター・ロウによって執筆された"Design Thinking"（日本語版は『デザインの思考過程』）が最初であろう[1]。ここでは、建築家が設計・計画するときのメソッドが記述されていてとても興味深い。しかし、現在世界的に注目され本書でも取り上げている「デザイン思考」とは、根本的に内容が異なっている。

　デザイン工学の分野では、1980〜1990年代頃にかけてスタンフォード大学でデビッド・ケリーら複数の教員が「デザインの創造的メソッド」についての研究、講義を行っており、それと並行してデビッド・ケリーは、デザイン会社を運営していた。1991年にその会社とともに複数のデザイン会社をまとめて、デザインファームである **IDEO** を作った。

　現在大成功を収めている Apple 社の、黎明期に作られた誰もが知っているコンピューターとして Mac（マック、マッキントッシュ、Macintosh）がある。Mac のそれまでのコンピューターとは全く異なる特徴的な設計として、GUI（グラフィカル・ユーザー・インターフェイス）がある。GUI は、Mac のひとつ前の機種である Lisa（リサ）から採用され、Mac へと進化をさせながら受け継がれたものである。

　現在誰もがコンピューターでもスマートフォンでも当たり前に使っている GUI が初めて使われたときに、その後に爆発的な人気へと広がっていくために重要な役割を果たしたのは、やはり特徴的な「ひとつボタンのマウス」なのである（**図8.3**）。なぜひとつボタンなのかは、各自考えてほしい。

図 8.3　Lisa Mouse（ひとつボタンのマウス）
〔Mac Technology Lab.:「Lisa マウス思考」(2009)
https://appletechlab.jp/blog-entry-247.html より〕

　そして、この Lisa 用のマウスのデザインは、デビッド・ケリーのデザインファーム（IDEO の前身）とジョブズら Apple 社の初期メンバーとが共同で行っていた。

8-1 プレゼンテーション

ひとつボタンのマウスは、その後 Mac がいくつもの機種に発展していく中で、少しずつ進化しながら長きにわたって使われ続けた。

「デザイン思考」は、Apple 社にとって重要なプロダクトである「ひとつボタンのマウス」をデザインしたデビッド・ケリーらが所属するデザインファームである IDEO から発信が始まった。

IDEO のデビッド・ケリー、トム・ケリー、ティム・ブラウンらがデザインする「Apple 社やその他様々なシリコンバレー周辺の IT 関連企業のプロダクトやソフトウェアのデザイン」が注目され、そのデザインメソッドについて関心が世界中で高まっていったのである（図 8.4～8.6）。

図 8.4　デビッド・ケリー　図 8.5　トム・ケリー　図 8.6　ティム・ブラウン
〔3 枚とも IDEO HP より〕

彼らが執筆したデザイン思考やそれを経営やビジネスに応用するための書籍は、どれもベストセラーになった[2〜5]。

IDEO（図 8.7）では、デザインはビジネスと切り離されたものではなく、ビジネスの課題を見つけることからその解決をしていくデザインのプロセスが、ビジネスそのものである、と提唱されていた。

図 8.7
〔IDEO HP https://jp.ideo.com/ より〕

2006年にデビッド・ケリーはスタンフォード大学の大学院でデザイン思考を教える「d.スクール（正式名称：「スタンフォード大学ハッソ・プラットナー・デザイン研究所」）を設立した（**図 8.8**）。世界中から学生が集まり、そこで学んだ者が、その後自国へ戻り、様々な国で「デザイン思考」を広め、現在に至る。

図 8.8
（"Hasso Plattner Institute of Design" https://commons.wikimedia.org/wiki/File:D.school_Stanford.jpg より）

［渡邊敏之］

参考文献

1) ピーター・ロウ（著）、奥山健二（訳）：デザインの思考過程、鹿島出版会（1990）
2) トム・ケリー、ジョナサン・リットマン（著）、鈴木主税、秀岡尚子（訳）：発想する会社！―世界最高のデザイン・ファームIDEOに学ぶイノベーションの技法、早川書房（2002）
3) トム・ケリー、ジョナサン・リットマン（著）、鈴木主税（訳）：イノベーションの達人！―発想する会社をつくる10の人材、早川書房（2006）
4) デビッド・ケリー、トム・ケリー（著）、千葉敏生（訳）：クリエイティブ・マインドセット―想像力・好奇心・勇気が目覚める驚異の思考法、日経BP（2014）
5) ティム・ブラウン（著）、千葉敏生（訳）：デザイン思考が世界を変える―イノベーションを導く新しい考え方［アップデート版］、早川書房（2019）
＊ティム・ブラウン（著）、千葉敏生（訳）：デザイン思考が世界を変える―イノベーションを導く新しい考え方、早川書房（2010）が新装丁で出版されたもの

あとがき

　のどかな秋の日曜日の午後1時、心地よい爽やかな風を部屋に取り込むために窓を少し開けて作業していると、遠くから「や〜きいも〜〜、いしや〜きいも〜」と、最近では珍しい焼き芋の移動販売の声。だんだん近づいてきて、声はしだいに大きくなる。普段の日曜日だったらこの声は、微笑ましい日本の秋の風情だ。しかし今の自分にとっては、この風情のあるのどかな声はノイズに聞こえてしまう。なぜなら締め切りの迫った2つの原稿を書いている最中だからだ。

　何かの作業、特に文章の執筆は、静かな環境で行いたいものだが、ある程度人が集まる場所ではなかなか難しい。電車や飛行機の中、駅のコンコースのベンチ、カフェ店内など、ちょっと座って作業をしたいと思っても、乗り物の騒音や人のお喋りの声は聞こえてくる。そんな場所で、周辺の音を緩和したり近くの席のお喋りの声を小さくしたりするため、筆者は2年ほど前にノイズキャンセリング機能のついたワイヤレスイヤフォンを購入した。

　今日も焼き芋屋さんの声に意識をもっていかれず原稿を執筆するために、バッグからイヤフォンを取り出し耳に装着した。

ある日、このワイヤレスイヤフォンをバッグに入れるのを忘れて
しまった。職場に着くと、隣の建物の工事の音がかなり大きかった
ので、引き出しの中にしまい込んだままになっていた、以前使って
いた有線のイヤフォンを久しぶりに出してスマートフォンと接続
し、お気に入りのニール・ラーセンの曲をかけて作業を始めた。

　音質自体はいつもと同じぐらいで問題はないのだが、有線のケー
ブルが自分の服に擦れる音を拾ってしまい、その音が気になるのだ。
これは有線のイヤフォンだけを使っていたときには気にならなかっ
た音だ。結果として 5 分もしないうちに有線のイヤフォンを使う
のをやめてしまった。

　たった 2 年程度で、自分の耳（および脳）がワイヤレス（ケー
ブルレス）に慣れてしまっていたのだ。

　イノベーションを実現したモノのわかりやすい例として、Apple
社の iPhone が引き合いに出されることが多い。物理的なキーボー
ドがなく、ほとんどの操作を画面へのタッチで行うことが可能なス
マートフォンという新しいデバイスは、その登場以前に当たり前と
思われてきた「物理ボタンの付いた携帯電話」を駆逐させ、それだ
けにとどまらず音楽プレイヤーと音楽の流通、コンパクトデジタル
カメラ、ゲーム機、地図と店の広報、書籍と書籍流通、さらには映
画や番組コンテンツ視聴といったところまで変えてしまった。

　iPhone のイノベーションの影響が大きすぎて、その他のイノベー
ティブなモノやサービスに気がつきにくいのかもしれないが、ワイ
ヤレスイヤフォンもその小さなひとつだと筆者は思う。

　音の世界の話なので目には見えにくいが、ケーブルがないという
大きな変化によって音に対する新たな体験を起こしており、以前の
スタイルには戻れないという気持ちを生み出していることは確かだ。

　iPhone よ り も 前 に、Apple 社 は、Lisa、Macintosh、iMac、

あとがき

iPod など様々なイノベーティブな製品を生み出している。そして、今となってはあまり語られることがない失敗作も生み出している。第1章でも触れたが、デザイン思考は魔法の呪文ではないということを理解し、失敗してもデザイン思考のチャレンジを何度もしてみてほしい。

本書の読者の皆さんが、iPhone とまではいかなくても、ワイヤレスイヤフォンのような小さなイノベーションを近いうちに起こすことになると筆者は信じている。

謝辞

共同執筆者の東洋大学の柏樹良先生、大妻女子大学の中野希大先生とは毎週の Zoom ミーティングと時々対面で打ち合わせすることを約1年半続けました。この二人とだからこそできたと思います。

東京理科大学先進工学部学部長を務める田村浩二先生からは、本書の執筆を勧めていただきました。このような機会をくださりありがとうございました。

東京理科大学先進工学部機能デザイン工学科主任の曽我公平先生には、昼食をご一緒する中で示唆に富む多くの助言をいただきました。ありがとうございました。

これまでに共同研究などで国立がん研究センターの先生がたと行ってきたいくつもの研究が、デザイン思考の実践としても大きく役立ちました。ありがとうございました。

丸善出版株式会社の諏佐海香さんと佐藤か奈さんに企画の段階から出版に至る様々なことでお世話になりました。特に佐藤さんは我々の長い Zoom ミーティングに何度も参加くださり、重要な助言をたくさんいただきました。ありがとうございました。

最後に、執筆期間中、妻には様々な助言をもらい、同時に不便をかけました。本当にありがとう。

［渡邊敏之］

索引

■英数字

3DCG ソフトウェア　130

3D プリンター　96, 129, 136

3D モデリング　122, 130

3R　120

5W1H　52

5 モデル分析　33, 55, 58, 141

abduction　→アブダクションを見よ

AI　136

anima　84

animus　84

Apple 社　31, 109, 159

Arduino　132, 136

BBDO 社　102

blender　130

CAD ソフトウェア　122, 130

conceive　67

concept　→コンセプトを見よ

customer experience：CX　80

d. スクール　161

deduction　→演繹法を見よ

Design by Numbers（DBN）　132

Design Thinking　159

discovery　37

DR　141

empathy　31, 37, 51, 61

―map　78

eureka　142

evolution　37

fearless　19

Figma　131

GDP　29

GUI　70, 159

heuristic　142

IDE　131

ideation　37, 97

IDEO　48, 51, 120, 159

Induction　→帰納法を見よ

Innovation of Meaning　39

inspiration　68

interpret　50

interpretation　37

intuition　68

IoT（Internet of Things）　136

KJ 法　110

Lisa　159

LLM　136

loyalty　94

MBA　150

MDF　129

Netflix　6, 76

NM 法　110

PDCA サイクル　37

POV（point of view）63

Processing　131

prototype　→プロトタイプを見よ

prototyping　→プロトタイピングを見よ

QOL（quality of life）73

Rapid　120

Raspberry Pi　136

Right　120

Rough　120

sympathy　32, 51, 61

TED　157

test　→テストを見よ

The Innovator's Dilemma　28

thick description　→濃い記述を見よ

UI　131

understand　50

UX（user experience）146

■あ

アイデアのつくり方　106

アジャイル　37

アーティファクトモデル　56

アニマ　84

アニムス　84

アブダクション　34, 66

アメリカ　7, 62, 102

アラン・クーパー　69, 84

アルキメデス　142

ある種の飛躍　64, 67, 121

アルデュイーノ　132, 136

アルベルト・アインシュタイン　68

アレックス・オズボーン　102

アンケート　47, 60, 74

イケア　153

偉大なるアマチュア　43

イタリア　39, 43

イノベーション　1, 27

　　──のジレンマ　28

　　──の種　35, 37

意味のイノベーション　40

色と形　13

インスペクション評価　139

インターフェイス　68, 127

　　──開発　141

　　──デザイン　69, 134

インフォームドコンセント　61

隠喩　70

ウォンツ　34, 59

宇宙船　43

エイミー・エドモンドソン　19

エウレカ　142

エキスパートレビュー　140

エクストリームユーザー　85

エスキース　127

エスノグラフ　→民俗誌調査を見よ

演繹法　64

エンパシー　→ empathy を見よ

応用　108

欧陽脩　101

オズボーンのナイン・チェックリスト　107

オープンイノベーション　136

■か

解釈　34, 37, 59

　　──する　50

確証バイアス　52, 77

拡大　108

確認のための絵　122

隠れた欲求　59

箇条書き　51, 107

カスタマージャーニーマップ　80, 135

仮説形成　66

仮説推論　66

カール・ユング　84

カルチャーモデル　56

川喜田二郎　110

観察　33, 60, 75, 77

感情移入　32, 51, 61

技術革新　2, 27
既知のメンタルモデル　72, 76, 144
帰納法　64
希望点列挙法　110
逆転　108
共感　31, 37, 61, 77, 90, 121, 133
　　──疲労　64
　　──マップ　78
金のコンパス　39

口紅から機関車まで　40
グラフィカル・ユーザー・インターフェイス　70, 159
クリエイティブ　24, 31, 39, 64, 101
　　──コーディング　133
クリス・アンダーソン　136
グループ　18
クレイトン・クリステンセン　28

景気循環の理論　28
経験の拡大　33, 49, 51, 60
経済成長　27
経済発展の理論　28
ケイシー・リース　132
形態分類法　110
結合　108
欠点列挙法　110
原型　119, 129, 133
顕在的欲求　74

濃い記述　33, 51, 58, 141
顧客体験　80
国内総生産　29
コスト　120, 129, 135, 150, 153
ゴードン法　110
コンスタンチン・スタニスラフスキー　146
コンセプト　37, 89, 97, 103, 117, 133
　　──構造　91, 103
　　──構築　121, 127
　　──ビジュアル　90
　　──ビデオ　90
コンパッソ・ドーロ　39

■さ
再配列　108
サブスクリプション　6, 30, 76
産業革命　94
三上、三中、三多　101
三段論法　64
三分法　67

ジェームス・ヤング　106
事業計画書　150
シークエンスモデル　56
思考の整理学　101
持続的イノベーション　28
実現　17, 37, 91, 117, 164
質的調査　47
シティズンシップ・エデュケーション　62
シナリオ　144
シネクティクス法　110
写像　70
自由　97
　　──連想法　108
収束技法　100, 110
縮小　108
ジョン・マエダ　132
シリコンバレー　48, 160
新規のメンタルモデル　34, 73, 76, 93, 133, 144
シンパシー　→ sympathy を見よ
心理的安全性　19, 98, 113
心理量　139

推論　34, 64
スケッチ　118
スケッチング　118, 121
スティーブ・ジョブズ　109, 158
スマートフォン　10, 30, 40, 69, 110

セカンダリーユーザー　85
潜在的欲求　74, 139
センス　15, 25, 122
　　──は知識からはじまる　25

索引

創造　37, 97
　　──性　24, 109
属性列挙法　110
ソーシャルデザイン　125, 135
ソープオペラ　7

■た
大規模言語モデル　136
ダイビング　44
代用　108
大量消費　8, 95
大量生産　8, 94, 95, 136
たった一人のペルソナ　84
多品種少量生産　95
誰のためのデザイン？　72
ダン・ローム　124

チェックリスト法　107
知識と知性　54
チーム　18
着想　16, 37
チャールズ・パース　67
直感　68
直観　68

伝えるための絵　100

定性評価　138
ティム・ブラウン　160
定量評価　138
ティンカリング　136
デザイン　14
　　──学　67
　　──思考　5, 14
　　──・ドリブン・イノベーション　38
　　──の思考過程　159
　　──ファーム　48
　　──プロトタイプ　134
　　──レビュー　140
　　──ワーク　15
デジタルファブリケーション　96, 136

テスト　31, 35, 37
哲学　91
デビッド・ケリー　159
テーブル　21
典型ユーザー　84
転用　108

統合開発環境　131
特殊ユーザー　85
図書分類法　110
土着的　95
突破するデザイン　40
ドナルド・ノーマン　72
トニー・ブザン　108
トム・ケリー　160
外山滋比古　101
ドローイング　127

■な
入出法　110
ニールセンの10のヒューリスティック　141
人間中心設計　72, 86
認知的ウォークスルー法　143

■は
バイアス　35, 51, 64
破壊的イノベーション　28
畑村洋太郎　100
発案　16, 37
発見　31, 37, 142
発散技法　100
バナキュラー　95
ハンス・ロスリング　157

ピアレビュー　140
ビジネスプラン　150
ビジョン　91, 103
ビデオカメラ　44, 54
ヒューリスティック評価　141

ファブラボ　136

169

ファンクショナルプロトタイプ　134
フィアレス　19
フィジカルコンピューティング　136
フィジカルスケッチ　128
フィジカルモデル　55
フィールドワーク　32, 35, 57, 92
フォーカスグループ・インタビュー　75
物理モデル　55
物理量　139
プライマリーユーザー　84
ブランディング　48, 94
ブランドロイヤリティー　94, 96
ブレインストーミング　101
ブレインライティング法　110
フロイト　63, 146
プロトタイピング　37, 118, 133
プロトタイプ　119
フローモデル　57

ペーパープロトタイプ　127, 144
ペーパーモック　128
ペルソナ　80, 84, 144
　──シート　85
　──法　67
ベン・フライ　132
変更　108

棒人間　100, 124
ぼくはイエローでホワイトで、ちょっとブルー　62
ポストモダニズム　95

■ま
マイコンボード　132, 136
マインドセット　26
マインドマップ　108
マスマーケット　8
マッピング　70
マトリックス法　109
マルチモーダル　136

水野学　25

民俗誌調査　50

向井周太郎　66

メイカームーブメント　136
メイキング　136
メインストリームユーザー　84
メソッド演技法　145
メタファー　70
メディアアート　132
メンタルモデル　33, 68

モダニズム　95
モダンデザイン　95
モックアップ　128

■や・ら
ユーザー
　──・インターフェイス　131
　──シナリオ　80
　──テスト　140, 147
ユーザビリティ　127

ヨーゼフ・シュンペーター　2, 27

ライト　120
ラズベリーパイ　136
ラピッド　120
ラフ　120
ラフモック　128
ラポール　53

リー・ストラスバーグ　145
リサ　159
理念　91
量的調査　47

レイモンド・ローウイ　40

ロベルト・ベルガンティ　38

渡邊敏之（わたなべとしゆき）
東京理科大学　先進工学部　機能デザイン工学科　教授
専門分野：デザイン学、医療とデザイン
武蔵野美術大学造形学部基礎デザイン学科卒業。デザイナーとして
様々なプロジェクトに関わり、名古屋造形大学造形学部准教授、教
授を経て、2021年より現職。医療現場の課題を解決する方法、技術、
考え方の研究に従事。

柏樹　良（かしわぎりょう）
東洋大学　福祉社会デザイン学部　人間環境デザイン学科　准教授
専門分野：プロダクトデザイン、ファニチャーデザイン
武蔵野美術大学造形学部工芸工業デザイン学科卒業。ソニー株式会
社、株式会社アルフレックスジャパンを経て、2014年より現職。
有効なアイデアを出し、イノベーションにつなげていくデザイン思
考法の研究に従事。

中野希大（なかのきだい）
大妻女子大学　社会情報学部　社会情報学科　情報デザイン専攻　准
教授
専門分野：写真・映像表現、メディア表現
武蔵野美術大学造形学部映像学科卒業後、同造形研究科デザイン専
攻映像コースにて造形修士取得。同大学デザイン情報学科助手を経
て、2012年より大妻女子大学社会情報学部助教、2017年より同准
教授。写真・映像やデジタル技術を用いたメディア表現のほか、アー
ト・デザインの思考法、表象文化の研究に従事。

デザイン思考入門
イノベーションのためのトレーニングブック

令和 7 年 1 月 30 日　発　行

著　者　渡　邊　敏　之
　　　　柏　樹　　　良
　　　　中　野　希　大

発 行 者　池　田　和　博

発 行 所　丸善出版株式会社
　　　　〒101-0051 東京都千代田区神田神保町二丁目17番
　　　　編集：電話 (03) 3512-3261／FAX (03) 3512-3272
　　　　営業：電話 (03) 3512-3256／FAX (03) 3512-3270
　　　　https://www.maruzen-publishing.co.jp

© Toshiyuki Watanabe, Ryo Kashiwagi, Kidai Nakano, 2025

組版印刷・中央印刷株式会社／製本・株式会社 松岳社

ISBN 978-4-621-31067-0 C 1034　　　　　Printed in Japan

JCOPY 〈(一社)出版者著作権管理機構　委託出版物〉
本書の無断複写は著作権法上での例外を除き禁じられています．複写
される場合は，そのつど事前に，(一社)出版者著作権管理機構(電話
03-5244-5088，FAX 03-5244-5089，e-mail：info@jcopy.co.jp)の許諾
を得てください．